Trastorno Bipolar
Aspectos Generales

Marcus Deminco

Marcus Deminco

———————————

Si buscan una agradable, ligera y serena lectura, que haga pasar rápidamente al tiempo como una suave brisa vespertina, le recomiendo que lea cualquier otro escritor más dulce y más afectuoso. Yo no escribo para típicos lectores de carta, ni para ojos subordinados a las palabras. Para aquellos que no tienen imaginación, que solo pueden ver lo que los ojos le pueden mostrar, creo que las postales, fotografías y revistas de colores son más dignas a mi búsqueda visceral que expresa en palabras lo que realmente siento. (Marcus Deminco)

———————————

SUMARIO

1. Aspectos Históricos

Los términos "manía" y "melancolía" se remontan a varios siglos antes de Cristo y, todavía hoy, corresponden aproximadamente a sus conceptos originales. Aunque más amplios e imprecisos, en sus aspectos principales, recuerdan mucho las descripciones de lo que hoy se llama enfermedad bipolar. Entre los antiguos, estudios muestran que fue Areteo de Capadocia, que vivió en Alejandría en el siglo I después de Cristo, quien escribió los principales textos que llegaron a los días actuales, referentes a la unidad de la enfermedad maníaco-depresiva. En el capítulo V de su libro Sobre la Etiología y Sintomatología de las Enfermedades Crónicas, Areteo escribió: "Pienso que la melancolía es el inicio y, como tal, parte de la manía [...] El desarrollo de la manía es el resultado del empeoramiento de la melancolía en vez de constituirse en el cambio a una enfermedad diferente". En la mayoría de los melancólicos la tristeza se vuelve mejor después de variados períodos de tiempo, y se convierte en alegría, los pacientes entonces desarrollan lo que se llama manía. (AKISKAL, 1996 apud DEL-PORTO, DEL-PORTO, 2005).

En la antigüedad, Hipócrates ya describía la melancolía (usándola como sinónimo de depresión) y la manía, pero no proponía la unión entre los dos cuadros. Según él, las variaciones resultaron de desequilibrio de los líquidos del cuerpo, los llamados humores, por lo que podrían tener cambios cíclicos, asociados a alteraciones de estados emocionales. Esta teoría perduró hasta que surgieron algunas descripciones de cuadro cíclico del humor, en el siglo XIX, sugiriendo que serían formas distintas para una misma enfermedad. También, a mediados del siglo XIX, no muy distante del concepto moderno concerniente a la "locura maníaco-depresiva", el psiquiatra y neurólogo francés Jules Baillarger describió un nuevo tipo de locura, denominada "la folie à double forme" (forma dual de locura), cuya principal característica era la ocurrencia de episodios de manía y depresión en un mismo paciente. (ANGST, 2001 apud ALCANTARA, 2003).

En el siglo pasado, el psiquiatra alemán Emil Kraepelin separó las Demencias Precoces (que se llamaban esquizofrenia) de las Psicosis Maníaco-Depresivas (PMD). Él defendía que las PMD consistían en un conjunto de enfermedades cuyos síntomas más prominentes eran las variaciones del humor. No se hacían distinciones entre las personas que manifestaban solo depresión de aquellas que presentaban solamente síntomas de manía. Todos eran clasificados y tratados igualmente, como pacientes de PMD. Era como si hubiera dos polos: pacientes con depresión pura y manía pura, y en el medio quedaría la mayoría de ellos, con porciones variadas de depresión y manía. En la 8ª edición de su libro: "Psychiatrie: Ein Lehrbuch fur Studierende und Artze" Kraepelin (1910 apud DEL-PORTO, 2005) clasificó los estados mixtos con gran similitud como las caderas actuales en su clasificación de los estados mixtos. (TABLA 1).

Tipos	Humor	Actividad	Pensamiento
Mania Ansiosa O Drepresiva	–	+	+
Depresión Agitada	–	+	–
Manía Con Inibición De Pensamiento	+	+	–
Estupor Maníaco	+	–	–
Depresión Con Fuga De Ideas	–	–	+
Manía Inhibida	+	–	+

Tabla 1. Clasificación de los estados mixtos. (KRAEPELIN, 1910 apud Ibidem).

Sin embargo, solamente en la década de 50, surgió la tendencia de separar aquellas personas que manifestaban cuadros de manía y depresión de aquellas que solo presentaban episodios depresivos; llamando a las primeras de bipolares y a las últimas de unipolares. Los estudios mostraron que pacientes con depresión unipolar tenían más personas em la familia con cuadros depresivos, mientras que los bipolares tenían mayor número de parientes con los mismos síntomas. La mania unipolar fue entonces, integrada en el concepto de "Trastorno Bipolar". Y posteriormente, una subdivisión también ganó fuerza en la distinción de los pacientes dentro de ese espectro: bipolares del tipo I (manías y depresiones) y bipolares del tipo II (hipomanía y depresiones). Además del Trastorno Bipolar sin otra especificación (SOE): trastornos con aspectos bipolares que no cumplen los criterios para cualquier subtipo de los TB específicos. (DSM-V apud LAMBERT, 2006).

El concepto de "depresión" unipolar, también descrito como "depresión mayor", acabó popularizandose y facilitando el diagnóstico de la depresión, que comenzó a ser practicado cada vez más por médicos de otras especialidades, otros profesionales de la salud. Hoy, el término "espectro bipolar" está ganando espacio en los medios científicos y es cada vez más difundido en los medios. El nombre recuerda fantasmas o pesadillas, pero también define una de las principales características del disturbio: la variación de estados. De acuerdo con este concepto, el espectro bipolar se refiere a la gama de presentaciones clínicas de la enfermedad, que pueden ir de un polo a otro, de la depresión unipolar pura a depresión con episodios de hipomanía, depresión con manía, hasta la manía pura.

Existen dos denominaciones utilizadas para el trastorno: Trastorno Afectivo Bipolar y Trastorno Bipolar del humor, ese último considerado actualmente el término más adecuado. Esta diferencia de nomenclatura se da a causa de los conceptos de afecto y humor, que son técnicamente diferentes. De manera simple, el primero se refiere a las emociones que surgen rápidamente ante la alteración de una situación específica - con el sentimiento de alegría cuando se obtiene un regalo, tristeza al saber que fue mal en una prueba, irritación en el momento en que el equipo adversario hace uno gol en una final de campeonato o miedo cuando algún dolor surge repentinamente y se piensa en la posibilidad de ser víctima de una enfermedad grave.

Los humores se refieren a estados emocionales más prolongados, que duran horas, días o semanas, y pueden influenciar la forma de pensar y actuar del individuo. Un ejemplo sería el humor depresivo. Entre otras manifestaciones, podemos pensar en ese cuadro de la siguiente manera: sin motivo aparente, la persona despierta varios días seguidos con desánimo, como si la tristeza fuese el telón de fondo de su vida; las impresiones a su propio respeto se vuelven más negativas y críticas, o ella cree que los colegas o parientes la evalúan de modo negativo, de forma despectiva.

El concepto de "Trastorno Bipolar" se centra en los cambios del humor - uno de sus polos es el humor depresivo y otro - el eufórico. Sin embargo, no es solo el humor que queda alterado en el Trastorno Bipolar. Muchas otras funciones cerebrales y extra cerebrales sufren cambios, como las relacionadas a los ritmos biológicos, al control de los movimientos corporales (con predominio de la agitación o lentitud del cuerpo) de las funciones de la memoria y de concentración mental, de la impulsividad y del placer, tanto de las pequeñas cosas de la vida (cuidar de la casa, pasatiempos) como del deseo sexual. El TB sería mejor entendida como la enfermedad de las inestabilidades, siendo la del humor la más perceptible.

2. Definición y Prevalencia

El Trastorno Bipolar (TB), también conocido como "Trastorno Afectivo Bipolar" y originalmente llamado "Insanidad Maníaco-Depresiva", es una condición psiquiátrica caracterizada por alteraciones graves de humor, que involucra períodos de humor elevado y de depresión (polos opuestos de la experiencia afectiva) intercalados por períodos de remisión, y están asociados a síntomas cognitivos, físicos y comportamentales específicos. (CLEMENTE, 2015).

Según el nuevo informe global de la Organización Mundial de la Salud (OMS, 2016), el número de personas con depresión aumentó un 18% entre 2005 y 2015. Dentro de ese contexto, el Trastorno Bipolar (TB) es una condición psiquiátrica relativamente frecuente, es una enfermedad crónica que afecta entre el 1% y el 2% de la población y representa una de las principales causas de incapacitación en el mundo. Se estima que cerca del 4% de la población adulta mundial sufre de Trastorno Bipolar. La Asociación Brasileña de Trastorno Bipolar (ABTB, 2016) confirma que esa predominio vale también para Brasil, lo que representa cerca de 6 millones de personas en el país.

De acuerdo con la 10ª revisión de la Clasificación Estadística Internacional de Enfermedades y Problemas relacionados con la

Salud (CID-10), el Trastorno Afectivo Bipolar se caracteriza por la presencia de dos o más episodios en que los niveles de humor y las actividades del paciente son significativamente perturbados. Oscilando entre episodios de elevación del humor y aumento de energía y actividad (hipomanía o manía), en períodos de disminución del humor y de energía y actividad. En líneas generales, la CID-10 considera que o Trastorno Afectivo Bipolar (F31) debe ser clasificado de acuerdo con el tipo de episodio actual, hipomaníaco, maníaco o depresivo. Los episodios maníacos se subdividen de acuerdo con la presencia o ausencia de síntomas psicóticos, mientras que los episodios depresivos se clasifican como: leve, moderado o grave. Los episodios leves y moderados pueden ser clasificados de acuerdo con la presencia o ausencia de síntomas somáticos. Los episodios graves se subdividen de acuerdo con la presencia o ausencia de síntomas psicóticos.

Sin embargo, para la 5ª edición del Manual Diagnóstico y Estadístico de Trastornos Mentales (DSM-V), el trastorno se diferencia en dos principales tipos: el Tipo I, en que la elevación del humor es grave y persiste (manía) Tipo II, en que la elevación del humor es más blanda (hipomanía). La utilización del especificador "con características mixtas" se aplica a los estados en los que existe la aparición concomitante de síntomas maníacos y depresivos, aunque éstos se ven como polos opuestos del humor. El cuadro de Trastorno Ciclotímico se caracteriza por la alternancia entre períodos hipomaníacos y depresivos a lo largo de por lo menos dos años en adultos (o un año en niños) sin, sin embargo, atender los criterios para un episodio de manía, hipomanía o depresión mayor. El DSM incluye también la categoría "otro Trastorno Bipolar y trastorno relacionado especificado" para clasificar cuadros atípicos, marcados por la aparición de síntomas que no cumplen los criterios de duración y frecuencia mínimos para caracterizar ni siquiera un episodio de hipomanía.

Las estimaciones de la Organización Mundial de la Salud (OMS) apuntan que el TB alcanza aproximadamente a 30 millones de personas en todo el mundo, entre las mayores causas de incapacidad. Los datos extraídos de una muestra combinada de once países revelaron que las tasas de predominio a lo largo de la vida del Trastorno Bipolar tipo I (TB-I), Trastorno Bipolar tipo II (TB-II), Trastorno Bipolar subsindrómico (TB-sub) el espectro bipolar (EB) fue del 0,6%, el 0,4%, el 1,4% y el 2,4% respectivamente. Las tasas de predominio anual de TB-I, TB-II, TB-sub y EB cayeron al 0,4%, el 0,3%, el 0,8% y el 1,5% respectivamente. En Brasil, más específicamente en la ciudad de São Paulo, la tasa encontrada de predominio del TB (sin diferenciar los subtipos) a lo largo de la vida fue del 1% y la predominio anual fue del 0,5%. La tasa de mortalidad también es alta, y la razón más frecuente de muerte entre los jóvenes afectados es el suicidio. Cerca del 25% de la población de los adolescentes con TB presentan comportamientos suicidas. Gran número de pacientes también recurren al uso de alcohol y/o drogas, lo que agrava aún más los síntomas. (WALTERS, 2002 apud BOSAIPO, BORGES, JURUENA, 2016).

En los pacientes bipolares del tipo II, más del 95% del tiempo de enfermedad corresponde a la fase depresiva con algunas pocas características del TB. Con esta distinción unipolar/bipolar, se realizaron nuevos estudios y se observó que, para cada paciente bipolar, existen 20 depresivos unipolares. Pero pronto se constató que la mayoría de los pacientes bipolares presentaba, inicialmente, episodios depresivos, lo que confundía el diagnóstico. Y cerca del 20% del total de unipolares acababa evolucionando hacia cuadros bipolares. La clasificación unipolar/bipolar acabó siendo oficial, tanto en la 10ª edición de la Clasificación Estadística Internacional de Enfermedades y Problemas relacionados con la Salud (CID-10), como en la 5ª publicación del Manual Diagnóstico y Estadístico de Trastornos Mentales (DSM-V).

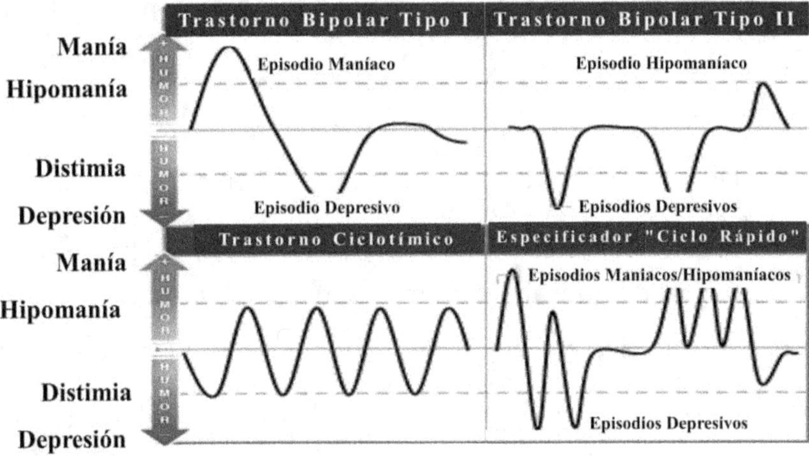

Figura 1. Curso de los principales subtipos del TB, con el especificador "Ciclo Rápido". Distimia se refiere al estado de humor rebajado que no cumple criterios de intensidad de síntomas para un episodio depresivo.
(STAHL, 2013 apud BOSAIPO, BORGES, JURUENA, 2016).

3. Fases del Trastorno

Un aspecto muy bien descrito y sistematizado acerca del trastorno es la definición de las crisis, fases o "episodios" de humor, cuando muchos síntomas surgen, definiendo un cuadro específico. Recientemente, vienen siendo estudiadas y descritas las características que aparecen entre las crisis, como temperamentos del tipo irritable, hiperactivo, depresivo, impulsivo y las consecuencias en lo cotidiano de ese modo de ser inestable, como dificultades de relación, de permanecer en un empleo o mantener amistades duraderas.

Aunque el TB incluya cuatro tipos de episodios patológicos caracterizados como depresivos, hipomaniacos, maníacos y mixtos, puede ser considerado, básicamente una enfermedad depresiva, pues la mayoría de los pacientes pasa gran parte de su vida en ese polo de la enfermedad. Sin embargo, existen formas más ligeras de manifestación de estos episodios, en las que se mezclan características de la propia persona, pareciendo componer una estructura de base, un temperamento que se manifiesta en la infancia o en la adolescencia y se confunde con la "forma de ser" del individuo.

3.1. Episodio Depresivo

Además de la connotación patológica, la palabra "depresión", en general, trae a la memoria de las personas las malas fases de la vida, En algunos contextos, el término se utiliza de modo amplio, en analogía con los períodos de crisis económica. También se hizo común usar la palabra como sinónimo de tristeza, desesperación o angustia.

La depresión suele ser desencadenada por una pérdida significativa como la muerte de un ser querido, la pérdida del empleo, una desilusión amorosa, o incluso en una fase de la vida altamente estressante, a causa del trabajo o de problemas familiares. El hecho es que, desde el punto de vista clínico, la depresión afecta la forma de pensar, actuar, y ser y debe ser considerada como un problema de salud que afecta no solo el cerebro y el estado psicológico, sino también prácticamente todo el organismo.

La tristeza, característica frecuente de la depresión, es una experiencia universal. Es una emoción experimentada de manera negativa, desagradable que, con el fin de no revivirla, el individuo evita situaciones desagradables en el futuro. En términos generales, podemos pensar que, si un alumno saca una nota baja en la escuela, la tristeza de pasar por esa situación, asociada al fracaso, le llevaría a reevaluar su forma de estudio, para que no recibiera mala evaluación de nuevo. Según esa teoría, la tristeza deflagra el movimiento introspectivo, las personas se aíslan un poco del mundo externo "reconociendo" para reflexionar sobre cómo la situación desagradable sucedió y cómo sería posible proceder para que no volviera a ocurrir. De esa manera, la tristeza ayudaría en el proceso de maduración, preparándonos para enfrentar mejor una vida que es, por naturaleza, repleta de pérdidas y frustraciones inevitables.

Ella puede surgir en el día a día, como resultado de algo malo que ocurrió, o cuando recuerdos de hechos pasados la provocan. En general, en estos casos, tiene poca intensidad y corta duración. El estado más insistente, llamado de humor depresivo, contamina la percepción de lo que pasa en aquel período. Una situación habitual de lo cotidiano como ver a un niño pidiendo limosna en una esquina, puede ser percibida de manera más angustiosa si el individuo está con humor depresivo, mientras que en otro momento, esa misma situación causaría malestar pasajero, indiferencia, o hasta ira.

El humor depresivo, generalmente asociado a una pérdida, suele aparecer vinculado a un malestar físico, como un resfriado o con la fase premenstrual. Muchas veces puede venir con sensaciones físicas, como inquietud, ansiedad, ganas de llorar, sensación angustiante de presión o de peso en el pecho. ¿Pero hasta qué punto ese sentimiento puede ser considerado normal, y cuando pasa a ser patológico, o sea, ser un síntoma de la depresión?

Aunque no es un criterio muy preciso, es posible tener en cuenta su tiempo de duración. La tristeza se vuelve preocupante, por ejemplo, si ella predomina en gran parte del día del paciente, o si ocurre en la mayoría de los días. Su intensidad es un criterio muy poco preciso, pues cada uno tiene su propia "medida" para evaluarla, y lo que es intenso para uno sería casi imperceptible para otro. Además, puede variar de acuerdo con el momento del día, pudiendo así distorsionar la percepción de intensidad.

Una persona que recibe una mala noticia puede sentir una angustia profunda, que dura unos minutos, y recordar que ha tenido un día muy triste. Ya otra, que siente tristeza moderada todos los días, casi todo el tiempo, puede considerar ese día normal, igual al anterior o al de la semana pasada, en que también estaba triste. Pero cuando sucede que la persona se llorando, a menudo por motivos que aparentemente no se justifican, o cuando siente angustia, en una intensidad difícil de ser tolerada, algo que claramente afecte su cotidiano, esa tristeza puede ser considerada excesiva. En general, las personas tienen más dificultad para diferenciar la tristeza llamada normal de su manifestación patológica (típica de la depresión) cuando surge tras un evento justificable, como la pérdida de un ser querido, lo que podría justificar plenamente una tristeza más intensa y duradera .

Aunque este tipo de situación en la mayoría de las personas, pasadas algunas semanas o meses (dependiendo del caso), la tendencia es que el individuo retome sus actividades, a pesar del dolor de la pérdida y de la nostalgia. Cuando esta tristeza se prolonga y, principalmente, si la tristeza interfiere en la vida del individuo, probablemente se trata de un síntoma patológico. Muchas veces, la persona que sufre de tristeza patológica tiene dificultad de admitir que esté enferma y justifica su condición con argumentos como desempleo, soledad, dificultades financieras o incomprensión de personas importantes en su vida. Lo que esta persona raramente percibe es que otros pasan por circunstancias similares y pueden reaccionar de otras maneras y que varias de esas situaciones pueden ser consecuencia y no causa de la melancolía.

Los pacientes suelen aludir al sentimiento de que todo les parece fútil, o sin real importancia. Creen que perdieron, de forma irreversible, la capacidad de sentir alegría o placer en la vida. Todo les parece vacío y sin gracia, el mundo es visto "sin colores", sin matices de alegría. En niños y adolescentes, sobre todo, el humor puede ser irritable, o "rabioso", en lugar de triste. Algunos pacientes se muestran antes "apáticos" que tristes, refiriéndose muchas veces al "sentimiento de la falta de sentimientos". Constatan, por ejemplo, ya no emocionarse con la llegada de los nietos, o con el sufrimiento de un ser querido, y así sucesivamente. El deprimido, a menudo, se juzga un peso para los familiares y amigos, muchas veces invocando la muerte para aliviar a los que lo asisten a la enfermedad. Son frecuentes y temibles las ideas de suicidio. Las motivaciones para el suicidio incluyen distorsiones cognitivas (percibir cualquier dificultad como obstáculos definitivos e insuperable, tendencia a sobreestimar las pérdidas sufridas) y el intenso deseo de poner fin a un estado emocional extremadamente penoso y tenido como interminable. Otros todavía buscan la muerte como forma de expiar sus supuestas culpas. Los pensamientos de suicidio varían desde el remoto deseo de estar simplemente muerto, hasta planes minuciosos de matarse (estableciendo el modo, el momento y el lugar para el acto). Los pensamientos relativos a la muerte deben ser sistemáticamente investigados, ya que esa conducta podrá prevenir actos suicidas, dando al paciente la oportunidad de expresarse al respecto. (WIDLÖCHER, 1983 apud DEL PORTO, 1999).

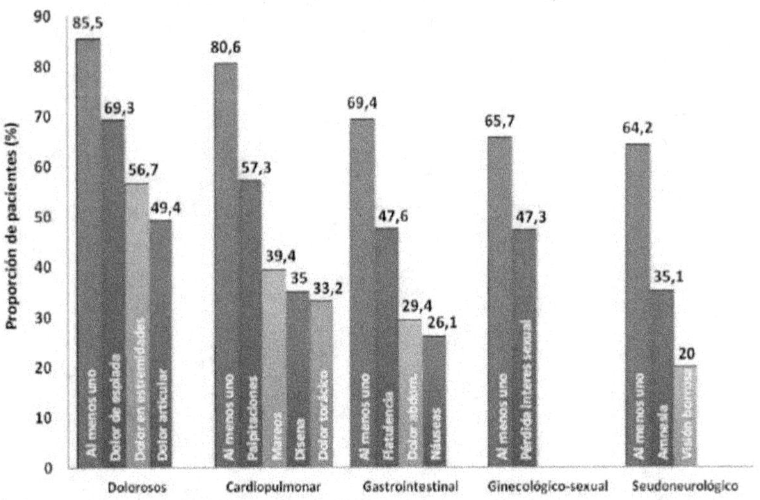

Figura 2. Síntomas Somáticos en Depresión

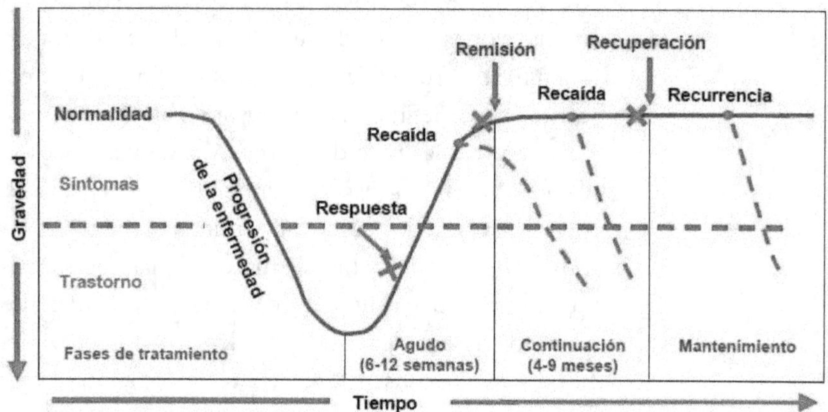

Figura 3. Evolución De Los Trastornos Del Ánimo

3.2. Episodio Maníaco

El DSM define manía como la presencia de por al menos una semana de humor irritable, expansivo o elevado, asociado a tres o más de los siguientes síntomas, con la gravedad suficiente para causar daño funcional (problemas en el trabajo, relaciones, necesidad de internación, síntomas psicóticos): aumento de la autoestima/grandiosidad, disminución de la necesidad de sueño, estar más hablante/presión para hablar, pensamiento acelerado/fuga de ideas, distracción, agitación psicomotora/aumento de la actividad, envolvimiento excesivo con actividades placenteras que puedan tener consecuencias desastrosas. La hipomanía, a su vez, es definida por la presencia de humor persistente irritable, expansivo o elevado, a lo largo de por lo menos cuatro días, asociados, o al menos tres de los mismos síntomas descritos para manía, pero con menor gravedad, sin perjuicio funcional significativo.

El término "manía" suele ser entendido por los laicos como un comportamiento inusitado y repetitivo. Ya "maníaco" describe aquel individuo que tiene comportamientos extremadamente desviados de la norma aceptada, generalmente asociados a perversiones. Para profesionales del área de la salud, sin embargo, el término "manía" representa el polo eufórico del trastorno del humor. Lo curioso es que, a pesar de que la euforia excesiva es muy característica y evidente en esos cuadros, no siempre está presente en un episodio maníaco.

Los síntomas más comunes son la irritabilidad (que puede derivar para la agresividad ocasional) e hiperactividad. Otros síntomas de la manía son la disminución de la necesidad de sueño, autoestima repentinamente elevada, habla excesiva, dificultad en enfocar la atención e involucrarse con actividades placenteras, pero peligrosas - como compras y gastos excesivos, actos impulsivos, uso de drogas, indicios y aumento actividad sexual.

El paciente en manía no percibe la propia alteración, tiene la impresión de estar extremadamente bien, como si viviera la mejor fase de su vida. Para él, son los otros que tienen problemas. En algunos casos, la persona en ese estado, con agresividad e impulsividad exacerbadas, necesita ser protegida de sí misma, ya que en esa fase del trastorno puede cometer actos de los cuales se arrepentirá en el futuro, determinadas situaciones. Es común que, después del término de una crisis de mania, el paciente se avergüence de sus actitudes.

La euforia puede ser definida como una alegría excesiva y exagerada, que se mantiene independientemente de los acontecimientos externos. La persona en ese estado presenta optimismo exacerbado y se relaciona con personas con mucha facilidad, principalmente cuando se trata de extraños. En las formas más graves, llega a creer que puede ser famosa. Es común que ocurran cambios repentinos de humor: cuando se acuerda, por ejemplo, de la muerte de la madre, irrumpe en llantos, para después de algunos minutos continuar reír.

La persona intenta hacer muchas cosas al mismo tiempo, tiene dificultad para quedarse parada, no puede concentrarse en una sola actividad y se distrae con facilidad. Algunos llegan a presentar ilusiones auditivas o visuales y manifestar comportamientos paranoicos. Estos síntomas se pueden confundir con la esquizofrenia, principalmente si se producen al inicio de la enfermedad. También es probable que aparezcan crisis de ansiedad, de pánico (con malestar físico pronunciado: sudoración, taquicardia, falta de aire, vértigo, etc.) o síntomas obsesivos. No todas estas manifestaciones aparecen en una crisis de manía, pero pueden dificultar el diagnóstico.

Técnicamente, la hipomanía es una fase de manía más ligera, con los mismos síntomas, pero menos intensos y evidentes. En la práctica, puede ser considerada "invisible", pues en general pasa desapercibida y puede ser interpretada como una fase de mayor productividad en el trabajo, creatividad y socialización. Pero hay un hecho relevante: la hipomanía es un indicador de que la persona sufre de Trastorno Bipolar. En general, la manía comienza abruptamente y dura de unos días a algunas semanas.

Los episodios maníacos con frecuencia son más cortos que los episodios depresivos. Desgraciadamente, los episodios maníacos suelen ser seguidos por episodios depresivos colocando al paciente en una "montaña rusa" emocional. Aunque algunos pacientes reportan que la euforia que experimentan cuando están maníacos puede ser gratificante y placentera, estos episodios generalmente ocurren con grandes costos personales. Afectando a los matrimonios, negocios, finanzas y salud de los pacientes y llevando al agotamiento, al uso ocasional de sustancias y otros comportamientos de riesgo que lo ponen en peligro frecuente. En el extremo, el individuo maníaco tiene mayor riesgo de morir por complicaciones cardíacas y mayor tendencia a cometer suicidio en la transición de la manía hacia la depresión, cuando ellos entienden cuánto su comportamiento fue inadecuado (ANDREASEN y BLACK, 2009).

Álcool	Buspirona	L-glutamina
Alfa-interferon	Captopril	Loxapina
Anfetaminas	Ciclobenzaprina	Metoclopramida
Antagonistas histamínicos H_2	Ciclosporina	Narcóticos
Anticonvulsivantes	Cloroquina	Ofloxacina
Antidepressivos	Cocaína	Procarbazina
Antiparkinsonianos	Corticosteróides	Propafenona
Baclofeno	Dapsona	Pseudo-efedrina
Barbitúricos	Dietiltoluamida	Quinacrina
Benzodiazepínicos	Esteróides anabólicos	Sulfonamidas
Bloqueadores beta-adrenérgicos	Hormônios tireoidianos	Teofilina
Bromocriptina		Zidovudina

Tabla 2. Principales Sustancias asociadas a la hipomanía ya la manía. (DUBOVSKY y DUBOVSKY, 2004 apud MORENO, MORENO, 2005).

3.3. Episodio Mixto

Los síntomas del Trastorno Bipolar no siempre se presentan en bloque, como típicos de depresión o manía/hipomanía. Los comportamientos maníacos pueden aparecer en medio de un episodio depresivo-viceversa. Cuando existe esa "mezcla", el reconocimiento y el tratamiento se confunden, con cuadros depresivos en los que la agitación es marcada, que pueden empeorar con el uso de antidepresivos y manías con ideas depresivas que se confunden con la depresión. Se trata de una forma potencialmente grave del trastorno, pues, cuando hay mezcla de agitación y pensamientos de muerte templados con la gran impulsividad, el riesgo de suicidio es enorme. Durante un episodio o estado mixto, los síntomas a menudo incluyen agitación, sueño perturbado, grandes cambios en el apetito y pensamientos suicidas. Las personas en estado mixto pueden sentirse muy tristes o sin esperanza y al mismo tiempo extremadamente energizadas.

Un episodio mixto se caracteriza por un período de tiempo (al menos 1 semana) durante el cual se cumplen los criterios tanto para el episodio maníaco y el episodio depresivo mayor, casi todos los días. El individuo experimenta una rápida alternancia del humor (tristeza, irritabilidad, euforia), acompañada de los síntomas de un episodio maníaco y de un episodio depresivo mayor. La presentación sintomática a menudo implica agitación, insomnio, desregulación del apetito, características psicóticas y pensamiento suicida. La perturbación debe ser suficientemente grave hasta el punto de causar un perjuicio acentuado en el funcionamiento social o ocupacional o de exigir la hospitalización, o está marcada por la presencia de características psicóticas. La perturbación no se debe a los efectos fisiológicos directos de una sustancia (por ejemplo, droga de abuso, medicamento u otro tratamiento) o de una condición médica general (por ejemplo, hipertiroidismo). Síntomas como los que se ven en un episodio mixto pueden ser consecuencia de los efectos directos de medicamentos antidepresivos, terapia electroconvulsiva, fototerapia o medicamentos prescritos para otras condiciones médicas generales (por ejemplo, corticosteroides).

Si una persona con Trastorno Depresivo Mayor recurrente, por ejemplo, desarrolla un cuadro sintomático mixto durante un tratamiento con medicamentos antidepresivos, el diagnóstico del episodio es el Trastorno del Humor Inducido por Sustancia, con Características mixtas, no modificando el diagnóstico de Trastorno Depresivo Mayor para Trastorno Bipolar I. Algunas evidencias sugieren la posible existencia de una "diátesis bipolar en individuos que desarrollan episodios del tipo mixto después del tratamiento somático para la depresión. Estos individuos pueden tener una mayor probabilidad de futuros episodios maníacos, mixtos o hipomaníacos no relacionados con sustancias o tratamientos somáticos para la depresión. Esta consideración puede ser especialmente importante en el caso de niños y adolescentes.

> Los episodios mixtos pueden evolucionar a partir de un episodio maníaco o de un episodio depresivo mayor o pueden surgir como algo nuevo. Por ejemplo, el diagnóstico puede ser cambiado de Trastorno Bipolar I, Episodio más reciente maníaco, para Trastorno Bipolar I, episodio más Reciente Mixto, en el caso de un individuo con 3 semanas de síntomas maníacos seguidos por una semana de síntomas tanto maníacos como depresivos. Los episodios mixtos pueden durar de semanas a algunos meses, presentando remisión para un período con pocos o ningún síntoma o evolucionando a un episodio depresivo mayor. Raramente, un episodio mixto evoluciona a un episodio maníaco. (BALDAÇARA, 2015).

Por lo tanto, la combinación de alteraciones en esos dominios componía el cuadro clínico de la enfermedad. En los estados puros de manía o depresión, los tres dominios se encuentran alterados en la misma dirección. En la manía típica, por ejemplo, habría exaltación del humor, fuga de ideas y aumento de la actividad motora; en la depresión típica habría humor triste, inhibición del pensamiento y lentitud psicomotora. En cambio, en los estados mixtos estos dominios estaban modificados en diferentes direcciones, o sea, habría una mezcla de elementos del cuadro maníaco y de la melancolía en los campos del humor, del curso del pensamiento y de la psicomotricidad. Entre los estados mixtos, se distinguían seis tipos: manía depresiva (o ansiosa o furiosa), manía improductiva (o con pobreza de pensamientos), manía inhibida (con inhibición motora), estupor maníaco, depresión con fuga de ideas y depresión agitada. (DOYLE, 1998 apud CLEMENTE, 2015).

Sin embargo, existen controversias sobre la relación entre los estados mixtos y los trastornos bipolares de ciclo rápido. Hay duda de que tales fenómenos correspondería al mismo proceso, caracterizado por la rápida alternancia del humor, o sea, el estado mixto, en realidad correspondería a un cuadro de ciclaje extremadamente rápido; sin embargo, la hipótesis más aceptada es la de que constituyan fenómenos distintos. Así, se considera la existencia de estados mixtos inestables, la rápida alternancia de estados afectivos opuestos y, por lo tanto, asociados a la velocidad del ciclo, que serían diferentes de los estados mixtos estables, en que están presentes simultáneamente los síntomas de manía y depresión. (SCHWARTZMANN, 2004 apud CLEMENTE, 2015).

Temperamento Depresivo + Manía Psicótica	Temperamento Ciclotímico + Depresión Mayor	Temperamento Hipertímico + Depresión Mayor
Llanto	Humo depresivo	Disforia implacable, odio.
Ideas de suicidio	Hiperfagia	
Irritabilidad y rabia	Hipersonia	Agitación en la lentificación de fondo.
Euforia	Fatiga	
	Baja autoestima	

Pensamientos acelerados Grandiosidad Hipersexualidad Agitación psicomotora Insomnio grave Delirios persecutorios Alucinaciones auditivas Confusión Abuso de alcohol	Pensamientos acelerados Jocosidad Ataques de ira Tensión Inquietud Hipersexualidad impulsiva Otros comportamientos desinhibidos: juego, intentos de suicidio dramáticos Abuso de estimulantes (incluso café) y sedantes hipnóticos (incluso alcohol)	Fatiga extrema Pánico e insomnio intratable Obsesiones e impulsos suicidas Excitación sexual temporal Aceleración de pensamientos Apariencia histriónica (más expresiones de sufrimiento puro) Abuso de estimulantes y alcohol

Tabla 3. Cuadro clínico de los estados mixtos en función del temperamento (MARNEROS, 2001 apud MORENO, 2005).

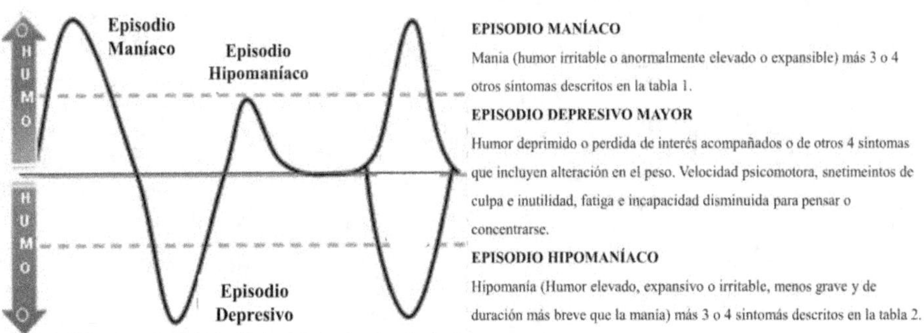

Figura 4. Episodios de humor en el TB. El curso de la enfermedad de un paciente puede ser registrado en un gráfico de humor. De este modo, un ejemplo de cómo el humor puede variar es de la hipomanía para manía en la parte superior de la figura, para la eutimia (o humor normal) en el medio, y para la depresión en el extremo inferior de la figura. (STAHL, 2013 apud BOSAIPO; BORGES; JURUENA, 2016).

DEPRESIÓN	MANÍA
Evitar El Conflicto	Decir A Todo El Mundo Lo Que Tiene Que Hacer
Evitar El Rechazo	Aproximarse A Todos
Evitar El Fracaso	Perseguir Oportunidades
Conservar Energía	Aumento De Energía
Irse/ Escapar Antes Que Sea Tarde	Persistir
Autocontrol	Hacer Lo Que Uno Quiere Sin Limites

Tabla 4. Conducta Compensatoria En Manía Y Depresión

4. Comprendiendo las Bases Neurobiológicas del TB

Existen múltiples factores etiológicos en los trastornos del humor, resultantes de la combinación de factores ambientales (dieta, alcohol, ritmos biológicos), individuales relacionados a la personalidad y las relaciones personales, que desencadenan la enfermedad en individuos biológicamente vulnerables. Se considera que tanto la depresión como la manía serían resultado de varios procesos psicológicos, ambientales, genéticos y biológicos. (AKISKAL, 2000 apud NETO e ELKIS, 2009).

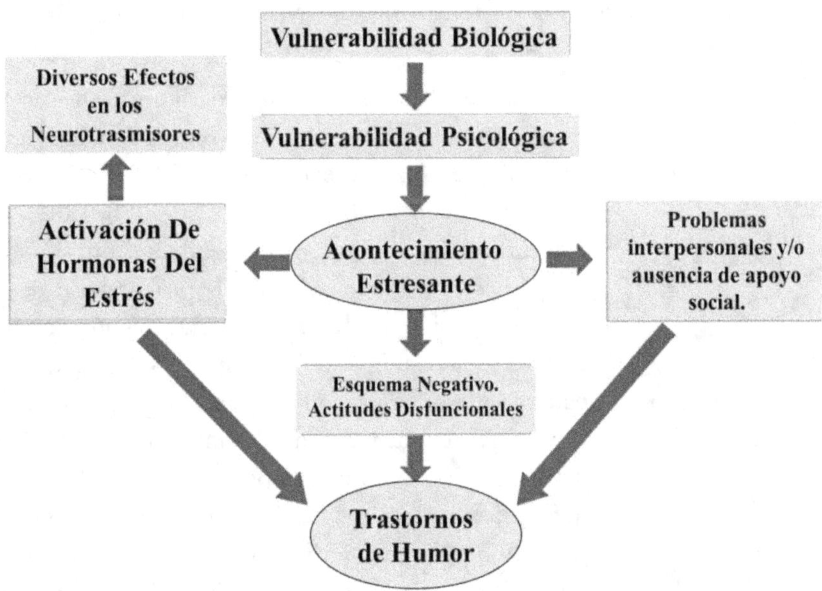

Figura 5. Modelo Integrado de los Trastornos de Humor.(BARLOW, 2008).

Alteraciones de pruebas funcionales, modelos de integración neuroquímicos y de comportamiento que se observaron en los procesos de placer, recompensa y perturbaciones de los ritmos circadianos en pacientes con Trastorno Afectivo. El sistema límbico representa la región de convergencia de estos factores, produciendo desequilibrio de las aminas biogénicas, específicamente la noradrenalina, la serotonina y, en segundo plano, la dopamina, y los sistemas de mensajeros secundarios (por ejemplo, adenil cíclas) y péptidos neurológicos. Además, ocurre desregulación de los ejes endocrinos, hipotálamo-adrenal, tiroidiano y ligado a la hormona del crecimiento, anormalidades del sueño, desajuste de los ritmos circadianos, anormalidades del sistema inmunológico y alteraciones morfofisiológicas cerebrales.

> En la génesis de los trastornos de humor, los factores genéticos son fundamentales, principalmente en el Trastorno Bipolar. Alrededor del 50% de los bipolares del tipo I tienen al menos uno de los padres con Trastorno Afectivo, especialmente depresión; si uno de los padres es portado de TB I, la probabilidad de que uno de los hijos presenten trastorno de humor es del 25%, que sube al 50% al 75% en el caso de que ambos padres sean afectados. Los factores psicosociales en general representan desencadenantes de los trastornos del humor, por ejemplo, la pérdida del empleo, de ser querido, separaciones. No hay rasgos de personalidad predisponentes para trastorno del humor, la depresión puede ocurrir en cualquier tipo de personalidad. (NETO e ELKIS, 2009).

La revisión de la literatura realizada por Baumann y Bogerts (2001 apud LAMBERT, 2006) sugiere que los cerebros de pacientes que sufren de Trastorno Bipolar difieren de manera significativa de los de aquellos que no están sufriendo de trastorno de humor. De manera específica, los ganglios basales son un poco más pequeños en pacientes bipolares y depresivos. Las reducciones más drásticas se encuentran en el Núcleo Accumbens, la estructura fundamental en la traducción de estímulos ambientales para la motivación de responder. También se encuentran déficits estructurales en el núcleo dorsal de Rafe, lugar de producción de Serotonina.

En otra revisión literaria, a través de estudios por neuroimagen, se observaron anormalidades en el estriado, la amígdala y la corteza prefrontal. Esta revisión sostiene la noción de la implicación de los circuitos frontales-subcorticiales en el Trastorno Bipolar. Además, se detectó una reducción en el tamaño del cerebel. El resultado más común en estudios con resonancia magnética es la presencia de hiperintensidades de la sustancia blanca en tasas más altas de lo que se esperaba. Las hiperintensidades de la sustancia blanca son pequeñas áreas caracterizadas por un signo de mayor intensidad que el tejido circundante. Estas hiperintensidades se encuentran más en los ancianos y en las personas que han sufrido eventos cardiovasculares. Además, procesos como la desmielinización, la astrogliosis (formación de nuevos astrócitos o crecimiento de astrócitos existentes) o pérdida axonal pueden llevar a la formación de hiperintensidades de la sustancia blanca. (YURGELUN-TODD et al., 2000 apud id. Loc. cit.).

Aunque estas anomalías se observan en pacientes bipolares a tasas más altas de la esperada, la constatación de que la mayoría de los individuos bipolares no presentan hiperintensidades sugiere que pueden desempeñar un papel causal mínimo en el trastorno. Así, es más probable que se formen a causa del estilo de vida característico de pacientes con manías (tasas elevadas de abuso de sustancias y riesgos cardiovasculares) que por la susceptibilidad del sujeto al Trastorno Bipolar. Se observó menos actividad metabólica global de glucosa en los cerebros de pacientes con depresión bipolar del en aquellos con manía bipolar. Aunque un estudio identificó mayor flujo sanguíneo cerebral durante episodios de manía, la mayoría de los estudios no observaron diferencias en el flujo sanguíneo en la manía o depresión bipolares, en comparación con sujetos de control sanos (STRAKOWSKI et al., 2000 apud Ibidem).

> Los estudios de los genes de susceptibilidad (genes que aumentan la susceptibilidad a la enfermedad), ya implicaron los cromosomas: 4, 12, 18 y 21, entre otros. Actualmente, una de las conexiones encontradas más poderosas se ubica en la región 12q23-q24.40. Los resultados del rastreo del genoma sugieren la existencia de diversos loci de susceptibilidad en los cromosomas: 1, 6, 7, 10, 16 e 22. Outro estudio recente sugere loci nas

regiões: 13q32 e 1q32.32. (GINNS, 1998 apud ALDA, 1999).

Se estudia un polimorfismo en la región promotora con dos variantes alélicas, una larga y una corta inserción / deleción de 44 pares de bases. Posible papel funcional de este polimorfismo en el que el alelo corto recaptaría menos serotonina que el alelo largo. (DU E COLL, 1999 apud VIEIRA, 2006). Los estudios en los niveles líquidos y líquidos de los pacientes con TB comparados con los grupos de controles normales observaron un desequilibrio en la regulación de las Aminas biogénicas (distribuidas en el sistema límbico), mostrando cambios en los sistemas:

1. Noradrenérgico
2. Serotonérgico
3. Dopaminérgico
4. Colinérgico

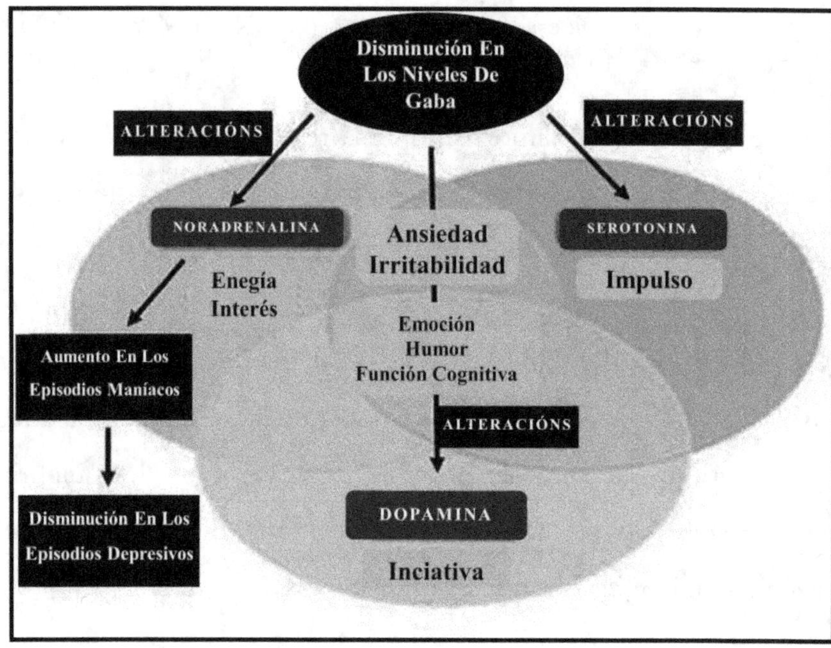

Figura 6. O Gaba modula atividades de Serotonina, Dopamina e Noradrenalina. (YONG et al., 1994 apud VIEIRA, 2006).

5. Diagnóstico

La persona con Trastorno Bipolar (TB) recibe el diagnóstico, normalmente, solo diez años después de los primeros intentos de tratamiento. El paciente puede ser informado de que sufre de los más variados problemas, como dependencia de drogas, obesidad, trastorno de carácter y de personalidad, trastorno del pánico, etc., sin embargo, el diagnóstico equivocado, más comúnmente atestado es el de depresión unipolar . Desafortunadamente, aún hoy, son pocos los profesionales de salud mental que conocen el cuadro suficientemente bien y que puedan propiciar una orientación adecuada para disminuir la angustia del paciente, de sus parientes y amigos.

El diagnóstico de TB es traicionero: los signos y síntomas pueden tener innumerables manifestaciones en un mismo paciente; además de variar mucho de una persona a otra. En general, quien sufre del Trastorno Bipolar tiene dificultad en dedicarse a la carrera profesional, mantener la productividad y el equilibrio en la vida afectiva y cultivar relaciones duraderas. Los afectados por el trastorno no siempre tienen control de lo que hablan durante los períodos de manifestación de la enfermedad. El tratamiento medicamentoso es fundamental y complejo, pues requiere dos estrategias: la profilaxis (prevención de las crisis) y el control de los síntomas agudos; el seguimiento psicológico es fundamental para una buena evolución a largo plazo.

La buena noticia es que el enfoque adecuado puede garantizar una vida prácticamente normal, sobre todo si la enfermedad se diagnostica en la fase inicial. Pero cuanto más temprano y más profundamente el paciente y su familia entienden el TB, mayor es la posibilidad de controlar la enfermedad y hacer que sus consecuencias menos nocivas. En este caso, la información puede considerarse una parte fundamental de que las personas implicadas en la situación sean informadas de que el TB es una enfermedad crónica, con causas biológicas (genética y otras) asociadas a factores ambientales.

Es comprensible, por lo tanto, que a menudo se cuestione el estado de enfermedad mental del Trastorno Bipolar. Al final, el paciente presenta reacciones exacerbadas comunes, que una persona sana también podría tener. Cualquier persona es capaz, por ejemplo, de reaccionar con rabia ante frustraciones o injusticias. Sin embargo, el paciente bipolar puede deprimirse o quedar excesivamente agresivo. Mucha gente también ha gastado un poco más de dinero de lo que pretendía, o quedó amuada por haber recibido una mala noticia. Sin embargo, la persona con TB gasta enormes cantidades sin ninguna planificación, a punto de involucrarse en deudas para adquirir productos de los que no necesita o, al recibir una noticia desagradable, se queda de cama.

Pero, ¿cómo las reacciones exacerbadas pueden distinguir a una persona con Trastorno Bipolar de otras? ¿No sería solo una reacción peculiar de cada individuo, puramente psicológica, sin resultar de alguna lesión o fallo en el funcionamiento cerebral? Actualmente, la Organización Mundial de la Salud (OMS, 2009) reconoce el Trastorno Bipolar como enfermedad. Para ser conocido así, es necesario que el cuadro tenga causas orgánicas bien establecidas; su evolución en el tiempo y las implicaciones físicas deben ser conocidas, así como las posibilidades de tratamiento de los síntomas. La mayor dificultad, sin embargo, es definir sus límites, que dependen de evaluaciones clínicas basadas en síntomas y signos, una vez que puedan dar el diagnóstico definitivo de Trastorno Bipolar.

La principal característica del TB es la inestabilidad de varias funciones cerebrales, que pueden ser percibidas en la alteración del humor, variando de la tristeza profunda a la alegría excesiva, transparentando en la ansiedad e irritabilidad que en poco tiempo pueden convertirse en apatía. Estas variaciones aparecen asociadas a la inestabilidad del funcionamiento del cerebro, tanto en el almacenamiento de información (memoria) como en el control de la atención (distracción excesiva).

Es posible que haya variación del pesimismo exagerado al optimismo incontrolable, y la velocidad del pensamiento puede aumentar o disminuir. Los cambios en el sueño y el apetito, tanto para el exceso como para la falta, también son comunes. En estas situaciones, los sistemas hormonales suelen quedar desorganizados, reflejando un ritmo biológico caótico o cíclico, y, poco frecuentemente, el paciente cambia el día por la noche. Se observa también disminución o aumento excesivo de energía.

Lo mismo ocurre con la capacidad de sentir placer. El más curioso es que el cambio humoral puede ocurrir en pocas horas, o en pocos días - ya veces durar semanas, meses o incluso años. Por lo tanto, hay pacientes que son bipolares y permanecen largos períodos en un mismo estado, que es generalmente depresivo. En estos casos, cuando se examina un momento cualquiera de la vida de ese paciente, la impresión que se tiene es que no existe inestabilidad, aunque puede haber ocurrido en el pasado o simplemente haber sido representada por un solo cambio, del estado considerado normal para el depresivo .

Se plantea una nueva cuestión: si la inestabilidad es la característica central del Trastorno Bipolar, las personas sanas deberían entonces ser inestables, sin grandes expresiones de tristeza o alegría? Esta pregunta lleva a una reflexión interesante. El cuerpo humano posee sistemas de control que impiden que las diversas funciones queden excesivamente fuera de los llamados, parámetros mínimos en lo que se refiere, por ejemplo, la hora del sueño o niveles de actividad física y mental. La variabilidad es fundamental para que el ser humano se adapte a situaciones ambientales que cambian con frecuencia y exigen acomodaciones como eventualmente dormir más tarde para participar en un evento social o terminar de redactar un artículo. En el organismo del paciente con TB estos sistemas de control funcionan de forma inadecuada, lo que permite "escapes" y acarrete descontrol, acabando por desorganizar otras funciones corporales.

Las personas consideradas saludables suelen presentar pequeñas variaciones en las funciones corporales, que se adaptan a las exigencias del ambiente, mientras que los pacientes bipolares presentan grandes alteraciones, que se vuelven incompatibles con los acontecimientos externos. Por lo tanto, es completamente aceptable (y hasta un signo de salud mental) que sientan, reconozcan y expresen alegría y tristeza, en grados variados, siempre y cuando esos sentimientos, desencadenados por factores externos o subjetivos, se apliquen al contexto, y tengan una intensidad compatible situación en el caso de los pacientes con TB - cuanto más a las funciones que regulan los estados de humor están desorganizadas, más grave y más complejo el cuadro clínico se presenta.

De acuerdo con el Manual Diagnóstico y Estadístico de Trastornos Mentales (DSM) para diagnosticar Trastorno Bipolar Tipo I, es necesario el cumplimiento de los criterios a seguir para un episodio maníaco. El episodio maníaco puede haber sido precedido o seguido por episodios hipornaníacos o depresivos mayores.

Criterios Diagnósticos Para El Episodio Maníaco

A. Un período distinto de humor anormal y persistentemente elevado, expansivo o irritable y aumento anormal y persistente de la actividad dirigida a objetivos o de la energía, con una duración mínima de una semana y presente la mayor parte del día, casi todos los días (o cualquier duración, si la hospitalización se hace necesaria).

B. Durante el período de alteración del humor y aumento de la energía o actividad, tres (o más) de los siguientes síntomas (cuatro si el estado de ánimo es solo irritable) están presentes en grado significativo y representan un cambio notable del comportamiento habitual:

1. Autoestima inflada o grandiosidad.

2. Reducción de la necesidad de sueño (por ejemplo, se siente descansado con solo tres horas de sueño).

3. Más loco que lo habitual o la presión para seguir hablando.

4. Fuga de ideas o experiencia subjetiva de que los pensamientos están acelerados.

5. Distratibilidad (por ejemplo, la atención es desviada muy fácilmente por estímulos externos insignificantes o irrelevantes), según lo reportado u observado.

6. Aumento de la actividad dirigida a objetivos (sea socialmente, en el trabajo o en la escuela, sea sexualmente) o agitación psicomotora (actividad sin propósito no dirigida a objetivos).

7. Involucramiento excesivo en actividades con alto potencial para consecuencias dolorosas (por ejemplo, implicación en brotes desenfrenados de compras, indistencias sexuales o inversiones financieras insensatas).

C. La perturbación del estado de ánimo es suficientemente grave como para causar un perjuicio acentuado en el funcionamiento social, profesional o para requerir hospitalización para prevenir daño a sí mismo u otras personas, o existen características psicóticas.

D. El episodio no es atribuible a los efectos fisiológicos de una sustancia (por ejemplo, abuso de drogas, medicamento, otro tratamiento) u otra condición médica.

Nota 1: Un episodio maníaco completo que surge durante el tratamiento antidepresivo (por ejemplo: medicamento, electroconvulsoterapia), pero que persiste en un nivel de signos y síntomas además del efecto fisiológico de ese tratamiento es evidencia suficiente para un episodio maníaco y, por lo tanto, para un diagnóstico de Trastorno Bipolar Tipo I.

Nota 2: los Criterios A-D representan un episodio maníaco. Al menos un episodio maníaco en la vida es necesario para el diagnóstico de Trastorno Bipolar tipo I.

Fuente: Manual Diagnóstico y Estadístico de Trastornos Mentales, 5a ed. (APA, 2018).

✓ Características Asociadas que Sustentan el Diagnóstico

Durante un episodio maníaco, comúnmente los individuos no perciben que están enfermos o que necesitan tratamiento, resistiendo, con vehemencia, a los intentos de tratamiento. Pueden cambiar la forma de vestir, el maquillaje o la apariencia personal para un estilo extravagante y/o con mayor atractivo sexual. Algunos perciben mayor exactitud olfativa, auditiva o visual. Los juegos de azar y los comportamientos antisociales pueden acompañar el episodio maníaco. Hay personas que pueden volverse hostiles y físicamente amenazantes a otras y, cuando son delirantes, pueden agredir físicamente o suicidarse. Las consecuencias catastróficas de un episodio maníaco (por ejemplo, hospitalización involuntaria, dificultades con la justicia, dificultades financieras graves) suelen resultar del juicio crítico perjudicado, de la pérdida de insight y de la hiperactividad. El humor puede cambiar rápidamente para la rabia o la depresión. Pueden ocurrir síntomas depresivos durante un episodio maníaco y, cuando presentes, durar momentos, horas o, más raramente, días.

✓ Características Diagnosticas

La característica esencial de un episodio maníaco es un período distinto de humor anormal y persistente, expansivo o irritable y aumento persistente de las actividades, con una duración de al menos una semana y presente la mayor parte del día, casi todos los días (o cualquier duración si la hospitalización se hace necesaria), acompañado de por lo menos tres síntomas adicionales del Criterio B. Si el estado de ánimo es irritable en vez de elevado o expansivo, al menos cuatro síntomas del Criterio B deben estar presentes.

El humor en un episodio maníaco suele ser descrito como eufórico, excesivamente alegre, elevado o "sintiéndose en la cima del mundo". En ciertos casos, el humor es tan anormalmente contagioso que es reconocido con facilidad como excesivo y puede ser caracterizado por entusiasmo ilimitado e indiscriminado para interacciones interpersonales, sexuales o profesionales. Por ejemplo, la persona puede espontáneamente iniciar conversaciones largas con extraños en público. Algunas veces, el humor predominante es irritable en vez de alto, en particular cuando los deseos del individuo son negados o cuando estuvo usando sustancias. Los cambios rápidos en el humor durante períodos breves de tiempo pueden ocurrir, siendo referidos como labilidad (alternancia entre euforia, disforia e irritabilidad). En niños, felicidad, tontería y "estupidez" son normales en el contexto de ocasiones especiales; si estos síntomas, sin embargo, son recurrentes, inadecuados al contexto y además de lo esperado para el nivel de desarrollo del niño, pueden satisfacer el Criterio A. Si la felicidad es inusual para el niño (diferente de la habitual) y el cambio de humor ocurre concomitantemente a los síntomas que satisfacen el Criterio B para manía, aumenta la certeza diagnóstica; el cambio de humor debe, sin embargo, estar acompañado de un aumento persistente de la actividad o de la energía, que es evidente a los que conocen bien al niño.

Durante el episodio maníaco, la persona puede involucrarse en varios proyectos nuevos al mismo tiempo. Los proyectos suelen ser iniciados con poco conocimiento del tópico, siendo que nada parece estar fuera del alcance del individuo. Los niveles de actividad aumentados pueden manifestarse en horas poco habituales del día.

La autoestima inflada suele estar presente, variando de autoconfianza sin críticas a la grandiosidad acentuada, pudiendo llegar a proporciones delirantes (Criterio Bl). A pesar de la falta de cualquier experiencia o talento particular, el individuo puede dar inicio a tareas complejas, como escribir una novela o buscar publicidad por alguna invención impracticable. Los delirios de grandeza (por ejemplo, de tener una relación especial con una persona famosa) son comunes. En niños, sobrevaloración de las capacidades y creencia de que, por ejemplo, pueden ser las mejores en el deporte o las más inteligentes en el aula son comunes; cuando, sin embargo, estas creencias están presentes a pesar de evidencias claras de lo contrario, o el niño intenta actos claramente peligrosos y, más importante, representa un cambio de su comportamiento habitual, el criterio de grandiosidad debe ser satisfecho.

Una de las características más comunes es la reducción de la necesidad de sueño (Criterio B2), que difiere del insomnio, en que el individuo desea dormir o siente necesidad de ello, pero no lo logra. Él puede dormir poco, si lo consigue, o puede despertar varias horas antes de lo habitual, sintiéndose reposado y lleno de energía. Cuando el trastorno del sueño es grave, el individuo puede quedarse sin dormir durante días y no tener cansancio. A menudo, la reducción de la necesidad de sueño anuncia el inicio de un episodio maníaco.

El habla puede ser rápida, presionada, alta y difícil de interrumpir (Criterio B3). Los individuos pueden hablar continuamente y sin preocuparse por los deseos de comunicación de otras personas, a menudo de forma invasiva o sin atención a la relevancia de lo que se dice. A veces, el habla se caracteriza por bromas, trucos, tonterías divertidas y teatralidad, con manierismos dramáticos, canto y gestos excesivos. La intensidad y el tono del habla suelen ser más importantes que lo que se está transmitiendo. Cuando el humor es más irritable que expansivo, el habla puede ser marcado por reclamaciones, comentarios hostiles o tiradas rabiasas, especialmente si se hacen intentos para interrumpir al individuo. Síntomas del Criterio A y del Criterio B pueden venir acompañados de síntomas del polo opuesto (depresivo) (ver el especificador "con características mixtas").

Con frecuencia, los pensamientos del individuo fluyen a una velocidad mayor que la que se puede expresar en el habla (Criterio B4). Es común haber fuga de ideas, evidenciada por un flujo casi continuo de habla acelerada, con cambios repentinos de un tópico a otro. Cuando la fuga de ideas es grave, el habla puede volverse desorganizada, incoherente y particularmente sufrida para el individuo. Los pensamientos a veces son sentidos como tan abarrotados que resulta difícil hablar.

La distractibilidad (Criterio B5) es evidenciada por incapacidad de filtrar estímulos externos irrelevantes (por ejemplo, la ropa del entrevistador, los ruidos o las conversaciones de fondo, los muebles de la sala) y, con frecuencia, no permite a los individuos en el episodio maníaco mantenga una conversación racional o respete las orientaciones. El aumento de la actividad dirigida a objetivos a menudo consiste en planificación excesiva y participación en múltiples actividades, incluyendo actividades sexuales, profesionales, políticas o religiosas. Impulso, fantasía y comportamientos sexuales aumentados suelen estar presentes. Los individuos en episodio maníaco suelen mostrar un aumento de la sociabilidad (por ejemplo, renovar viejas amistades o llamar a amigos o incluso extraños), sin preocuparse por la naturaleza incómoda, dominadora y exigente de esas interacciones. Con frecuencia, exhiben agitación o inquietud psicomotoras (actividad sin una finalidad), caminando de un lado a otro o manteniendo múltiples conversaciones simultáneamente. Hay quienes escriben demasiadas cartas, correos electrónicos, mensajes de texto, etc., sobre asuntos diversos a amigos, figuras públicas, o medios de comunicación.

El criterio de aumento de la actividad puede ser difícil de averiguar en niños; cuando el niño asume varias tareas simultáneamente, comienza a elaborar planes complicados e irreales para proyectos, desarrolla preocupaciones sexuales antes ausentes e inadecuadas al nivel de desarrollo (no justificadas por abuso sexual o exposición a material de sexo explícito), el Criterio B puede ser satisfecho con base en el juicio clínico. Es fundamental determinar si el comportamiento representa una mu durante el tiempo necesario; y si ocurre en asociación temporal con otros síntomas de manía.

El humor expansivo, el optimismo excesivo, la grandiosidad y el juicio crítico perjudicado suelen llevar a la implicación imprudente en actividades como brotes de compras, donación de objetos personales, dirección imprudente, inversiones financieras insensatos y promiscuidad sexual inusuales al individuo, aun cuando esas actividades pueden llevar a consecuencias catastróficas (Criterio B7). El individuo puede adquirir muchos artículos innecesarios sin que tenga dinero para pagar por ellos y, en algunos casos, donar esos objetos. El comportamiento sexual puede incluir infidelidad o encuentros sexuales indiscriminados con extraños, en general sin atención al riesgo de enfermedades sexualmente transmisibles o consecuencias interpersonales.

El episodio maníaco debe provocar un perjuicio acentuado en el funcionamiento social o profesional o necesitar hospitalización para prevenir el daño a si mismo o a otras personas (por ejemplo, pérdidas financieras, actividades ilegales, pérdida de empleo, comportamiento autodestructivo). Por definición, la presencia de características psicóticas durante un episodio maníaco también satisface el Criterio C.

Signos o síntomas de manía que se atribuyen a efectos fisiológicos de una droga de abuso (por ejemplo, en el contexto de la intoxicación por cocaína o anfetamina), a efectos colaterales de medicamentos o tratamientos (por ejemplo, esteroides, L-dopa , antidepresivos, estimulantes) o la otra condición médica no justifican el diagnóstico de Trastorno Bipolar tipo I. Un episodio maníaco completo, sin embargo, surgido durante el tratamiento (por ejemplo, medicamentos, electroconvulsoterapia, fototerapia) o uso de drogas y que persiste además del efecto fisiológico del agente inductor (después de que el medicamento esté completamente ausente del organismo del individuo o los efectos esperados de la electroconvulsoterapia estén totalmente disipados) es evidencia suficiente para un diagnóstico 3e episodio maníaco (Criterio D). Se indica una precaución para que uno o más síntomas (principalmente aumento de la irritabilidad, nerviosismo o agitación después del uso de antidepresivo) no se consideren suficientes para el diagnóstico de un episodio maníaco o hipomaníaco ni necesariamente una indicación de diátesis bipolar. Es necesario llenar el criterio para un episodio maníaco para el diagnóstico de Trastorno Bipolar tipo I, pero no hay necesidad de haber episodios hipomaníacos o depresivos mayores. Sin embargo, pueden preceder o seguir un episodio maníaco. Las descripciones completas de las características diagnósticas de un episodio hipomaníaco se pueden encontrar en el texto del Trastorno Bipolar tipo D y las características de un episodio depresivo mayor se describen en el texto sobre trastorno depresivo mayor.

✓ **Predominio**

La predominio en 12 meses estimada en los Estados Unidos fue del 0,6% para Trastorno Bipolar tipo I, según lo definido en el DSM-V. La predominio en 12 meses del trastorno en 11 países varió de 0,0 a 0,6%. La razón de la predominio a lo largo de la vida entre hombres y mujeres es de aproximadamente 1,1:1.

✓ Desarrollo y Curso

La media de edad de inicio del primer episodio maníaco, hipomaníaco o depresivo mayor es de aproximadamente 18 años para Trastorno Bipolar tipo I. Consideraciones especiales son necesarias para el diagnóstico en niños. Una vez que los niños con la misma edad pueden estar en etapas del desarrollo diferentes, es difícil definir con precisión lo que es "normal" o "esperado" en un determinado punto. Así, cada niño debe ser considerado de acuerdo con su comportamiento habitual. El inicio ocurre a lo largo del ciclo de vida, incluso los primeros síntomas pueden iniciarse a los 60 o 70 años. El inicio de los síntomas maníacos (por ejemplo, desinhibición sexual o social) al final de la vida adulta o en la senescencia debe indicar la posibilidad de condiciones médicas (por ejemplo, trastorno neurocognitivo frontotemporal) y de ingestión o abstinencia de sustancia.

Más del 90% de los individuos que han tenido un único episodio de manía tienen episodios recurrentes de humor. Alrededor del 60% de los episodios maníacos ocurren inmediatamente antes de un episodio depresivo mayor. Las personas con Trastorno Bipolar tipo I que tuvieron múltiples episodios (cuatro o más) de humor (depresivo mayor, maníaco o hipomaníaco) en un año reciben el especificador "con ciclaje rápido".

✓ Factores de Riesgo y Pronóstico

Ambiental. Trastorno Bipolar es más común en países con personas con ingresos altos que con ingresos más bajos (1,4 frente al 0,7%). Las personas separadas, divorciadas o viudas tienen tasas más altas de Trastorno Bipolar tipo I que aquellas casadas o que nunca se casaron, pero el sentido en que la asociación se modifica no es clara.

Genéticos y fisiológicos. La historia familiar de Trastorno Bipolar es uno de los factores de riesgo más fuertes y más consistentes para trastornos de esa categoría. Hay, en promedio, riesgo 10 veces mayor entre parientes adultos de individuos con Trastornos Bipolar tipo I y tipo II. La magnitud del riesgo aumenta con el grado de parentesco. La esquizofrenia y el Trastorno Bipolar probablemente comparten un origen genético, reflejado en la coagulación familiar de esquizofrenia y Trastorno Bipolar .

Modificadores del curso. Después de que una persona tuvo un episodio maníaco con características psicóticas, es más probable que los episodios maníacos subsiguientes incluyan características psicóticas. La recuperación incompleta entre los episodios es más común cuando el episodio actual está acompañado de características psicóticas incongruentes con el humor.

✓ Aspectos Diagnosticos Correspondientes a la Cultura

Hay pocas informaciones sobre diferencias culturales específicas en la presentación del Trastorno Bipolar tipo I. Una explicación posible para ello puede ser que los instrumentos diagnósticos suelen ser traducidos y aplicados en culturas diferentes sin validación transcultural. En un estudio norteamericano, la predominio en 12 meses de Trastorno Bipolar tipo I fue significativamente más baja para afro-caribeños que para afroamericanos o blancos.

✓ Aspectos Diagnosticos Correspondientes al Género

Los individuos del sexo femenino son más susceptibles a los estados de ciclo rápido y mixto y a patrones de comorbilidad que difieren de los varones, incluyendo tasas más altas de trastornos alimenticios a lo largo de la vida. Los individuos del sexo femenino con Trastorno Bipolar tipo I o tipo II tienen más probabilidades de presentar síntomas depresivos. También tienen un riesgo mayor a lo largo de la vida de trastorno por uso de alcohol que los varones y una probabilidad aún mayor de trastorno por uso de alcohol que las mujeres en la población en general.

✓ **Riesgo de Suicídio**

El riesgo de suicidio a lo largo de la vida en personas con Trastorno Bipolar se estima en al menos 15 veces el de la población en general. En realidad, el Trastorno Bipolar puede responder por un cuarto de todos los suicidios. La historia precedida de intento de suicidio y el porcentaje de días pasados en depresión el año anterior están asociados con un mayor riesgo de intentos de suicidio y éxito en esos intentos.

✓ **Consecuencias Funcionales del Trastorno Bipolar Tipo I**

Aunque muchos individuos con Trastorno Bipolar regresan a un nivel totalmente funcional entre los episodios, aproximadamente el 30% muestran un perjuicio importante en el funcionamiento profesional. La recuperación funcional está muy por debajo de la recuperación de los síntomas, especialmente en relación con la recuperación del funcionamiento profesional, resultando en una condición socioeconómica inferior a pesar de niveles equivalentes de educación, en comparación con la población en general. Los individuos con Trastorno Bipolar tipo I tienen un rendimiento peor que las personas sanas en las pruebas cognitivas. Los perjuicios cognitivos pueden contribuir a dificultades profesionales e interpersonales y persistir a lo largo de la vida, incluso durante períodos eutímicos.

✓ Diagnóstico Diferencial

Trastorno depresivo mayor. El trastorno depresivo mayor también puede venir acompañado de síntomas hipomaníacos o maníacos (menos síntomas o por un período menor de lo necesario para la manía o la hipomanía). Cuando el individuo se presenta en un episodio de depresión mayor, se debe atentar para episodios anteriores de manía o hipomanía. Los síntomas de irritabilidad pueden estar asociados al trastorno depresivo mayor o al Trastorno Bipolar, aumentando la complejidad diagnóstica.

Otros trastornos bipolares. El diagnóstico de Trastorno Bipolar tipo I se diferencia del de Trastorno Bipolar tipo II por la presencia de algún episodio anterior de mania. Otro Trastorno Bipolar y trastornos relacionados especificado o Trastorno Bipolar y trastornos relacionados no especificados deben ser diferenciados de los trastornos bipolar tipo I y tipo II, considerando si los episodios con síntomas maníacos o hipomaníacos o los episodios con síntomas depresivos cumplen plenamente o no los criterios para esas condiciones.

Un Trastorno Bipolar debido a otra condición médica puede ser diferenciado de los trastornos bipolar tipo I y tipo II por la identificación, basada en las mejores evidencias clínicas, de una condición médica con relación causai.

Trastorno de ansiedad generalizada (TAG), Trastorno de Pánico, trastorno del estrés postraumático (TEPT) u otros trastornos de ansiedad. Estos trastornos deben ser considerados en el diagnóstico diferencial tanto como trastorno primario como, en algunos casos, como trastorno comórbido. Una historia clínica cuidadosa es necesaria para diferenciar trastorno de ansiedad generalizada de Trastorno Bipolar, ya que las rumores ansiosos pueden ser confundidos con pensamientos acelerados, y esfuerzos para minimizar sentimientos de ansiedad pueden ser entendidos como comportamiento impulsivo. De la misma manera, los síntomas de trastorno de estrés postraumático necesitan ser diferenciados de Trastorno Bipolar. Es útil considerar la naturaleza episódica de los síntomas descritos, así como evaluar posibles desencadenadores de los síntomas, al ser hecho ese diagnóstico diferencial.

Trastorno bipolar inducido por sustancia/medicamento. Los trastornos por uso de sustancias pueden manifestarse con síntomas maníacos inducidos por sustancia / medicamento y necesitan ser diferenciados de Trastorno Bipolar tipo I. La respuesta a estabilizadores del humor durante manía inducida por sustancia/medicamento puede no ser necesariamente suficiente Para diagnosticarse Trastorno bipolar. Puede existir superposición sustancial frente a la tendencia de las personas con Trastorno Bipolar tipo I a utilizar sustancias en exceso durante un episodio. Un diagnóstico primario de Trastorno Bipolar debe ser establecido en base a los síntomas que persisten después de que las sustancias ya no estén siendo usadas.

Trastorno de déficit de atención/hiperactividad. Este trastorno puede ser erróneamente diagnosticado como Trastorno Bipolar, especialmente en adolescentes y niños. Son muchos los síntomas superpuestos con los síntomas de manía, como habla rápida, pensamientos acelerados, distractibilidad y menor necesidad de sueño. El "doble recuento" de síntomas dirigidos tanto al TDAH como al Trastorno Bipolar puede ser evitado si el clínico aclara si el(los) síntoma(s) representa(n) un episodio distinto.

Trastornos de la personalidad. Los trastornos de la personalidad, como el trastorno de la personalidad borderline, pueden tener superposición sintomática sustancial con trastornos bipolares, ya que labilidad del humor e impulsividad son comunes en las dos condiciones. Para el diagnóstico de Trastorno Bipolar, los síntomas deben representar un episodio distinto y un aumento notable en relación al comportamiento habitual del individuo. No se debe realizar un diagnóstico de trastorno de la personalidad durante el episodio de humor no tratado.

Trastornos con irritabilidad acentuada. En individuos con irritabilidad importante, especialmente niños y adolescentes, se debe tener cuidado de diagnosticar Trastorno Bipolar solo a los que tuvieron un episodio claro de manía o hipomanía, es decir, un período de tiempo distinto, con la duración necesaria, durante el cual la irritabilidad fue claramente diferente del comportamiento habitual del individuo y fue acompañada por el inicio de los síntomas del Criterio B. Cuando la irritabilidad de un niño es persistente y particularmente grave, es más apropriado el diagnóstico de trastorno disruptivo de la desregulación del humor. De hecho, cuando cualquier niño está siendo evaluado por mania, es fundamental que los síntomas representen un cambio inequívoco de su comportamiento típico.

✓ **Comorbilidad**

Los trastornos mentales comórbidos son comunes, siendo los más frecuentes los trastornos de ansiedad (por ejemplo, Ataques de pánico, trastorno de ansiedad, fobia social, fobia específica), que ocurren en cerca de tres cuartos de los individuos. Cualquier trastorno disruptivo, TDAH, 1 trastorno del control de impulsos o de la conducta (por ejemplo, trastorno explosivo intermitente, trastorno de oposición desafiante, trastorno de la conducta) y cualquier trastorno por uso de sustancia (por ejemplo, trastorno por uso de alcohol) ocurren en más de la mitad de los individuos con Trastorno Bipolar tipo I. Adultos con Trastorno Bipolar tipo I presentan tasas elevadas de condiciones médicas comórbidas serias y/o no tratadas. El síndrome metabólico y la migraña son más comunes entre las personas con Trastorno Bipolar que en la población en general. Más de la mitad de las personas cuyos síntomas satisfacen los criterios de Trastorno Bipolar tienen un trastorno por uso de alcohol, y aquellos con los dos trastornos tienen gran riesgo de provocar el suicidio.

Criterios Diagnósticos Para El Episodio Hipomaníaco

A. Un período distinto de humor anormal y persistentemente elevado, expansivo o irritable y aumento anormal y persistente de la actividad o energía, con una duración mínima de cuatro días consecutivos y presente la mayor parte del día, casi todos los días.

B. Durante el período de perturbación del estado de ánimo y aumento de energía y actividad, tres (o más) de los siguientes síntomas (cuatro si el humor es solo irritable) persisten, representan un cambio notable en relación al comportamiento habitual y están presentes en grado significativo:

1. Autoestima inflada o grandiosidad.

2. Reducción de la necesidad de sueño (por ejemplo se siente descansado con solo tres horas de sueño).

3. Más loco que lo habitual o la presión para seguir hablando.

4. Fuga de ideas o experiencia subjetiva de que los pensamientos están acelerados.

5. Distractibilidad (la atención es desviada muy fácilmente por estímulos externos insignificantes o irrelevantes), según lo reportado u observado.

6. Aumento de la actividad dirigida a objetivos (sea socialmente, en el trabajo o en la escuela, sea sexualmente) o agitación psicomotora.

7. Involucramiento excesivo en actividades con alto potencial para consecuencias dolorosas (por ejemplo, implicación en brotes desenfrenados de compras, indistencias sexuales o inversiones financieras insensatos).

C. El episodio está asociado a un cambio claro en el funcionamiento que no es característica del individuo cuando es asintomático.

D. La perturbación del humor y el cambio en el funcionamiento son observables por otras personas.

E* El episodio no es suficientemente grave hasta el punto de causar un daño acentuado en el funcionamiento social o profesional o para necesitar hospitalización. Existen características psicóticas, por definición, el episodio es maníaco.

F. El episodio no es atribuible a los efectos fisiológicos de una sustancia (por ejemplo, abuso de drogas, medicamento, otro tratamiento).

Nota 1: Un episodio hipomaníaco completo que surge durante el tratamiento antidepresivo (por ejemplo, medicamento, electroconvulsoterapia), pero que persiste en un nivel de signos y síntomas más allá del efecto fisiológico de este tratamiento, es evidencia suficiente para un diagnóstico de episodio hipomaníaco. Se recomienda, sin embargo, precaución para que 1 o 2 síntomas (principalmente, aumento de la irritabilidad, nerviosismo o agitación después del uso de antidepresivo) no se consideren suficientes para el diagnóstico de episodio hipomaníaco ni necesariamente indicativos de una diátesis bipolar.

Nota 2: Los Criterios A-F representan un episodio hipomaníaco. Estos episodios son comunes en el Trastorno Bipolar del tipo I, aunque no necesarios para el diagnóstico de ese trastorno.

Fuente: Manual Diagnóstico y Estadístico de Trastornos Mentales, 5° ed. (APA, 2018).

Episodio Depresivo Mayor

A. Cinco (o más) de los siguientes síntomas estuvieron presentes durante el mismo período de dos semanas y representan un cambio con respecto al funcionamiento anterior; al menos uno de los síntomas es o bien (1) el estado de ánimo deprimido o (2) la pérdida de interés o placer. Nota: No incluir síntomas que sean claramente atribuibles a otra condición médica.

1. El humor deprimido la mayor parte del día, casi todos los días, según lo indicado por relato subjetivo (por ejemplo, se siente triste, vacío o sin esperanza) o por observación hecha por otra persona (por ejemplo, llorosa). (Nota: En niños y adolescentes, puede ser humor irritable).

2. Acentuada disminución de interés o placer en todas, o casi todas, las actividades la mayor parte del día, casi todos los días (según lo indicado por relato subjetivo o observación hecha por otra persona).

3. Pérdida o gapho significativo de peso sin estar haciendo dieta (por ejemplo, cambio de más del 5% del peso corporal en un mes) o reducción o aumento en el apetito casi todos los días. (Nota: En niños, considerar el fracaso en obtener la ganancia de peso esperado.)

4. Insomnio o hipersonía casi diaria.

5. Agitación o retraso psicomotor casi todos los días (observable por otras personas, no meramente sensaciones subjetivas de inquietud o de estar más lento).

6. Fatiga o pérdida de energía casi todos los días.

7. Sentimientos de inutilidad, culpa excesiva o inapropiada (que pueden ser delirantes) casi todos los días (no meramente autorecriminación o culpa por estar enfermo).

8. Capacidad disminuida para pensar o concentrarse, o indecisión casi todos los días (por relato subjetivo u observación hecha por otra persona).

9. Pensamientos recurrentes de muerte (no solo miedo a morir), ideación suicida recurrente sin un plan específico, intento de suicidio o plan específico para cometer suicidio.

B. Los síntomas causan sufrimiento clínicamente significativo o perjuicio en el funcionamiento social, profesional o en otras áreas importantes de la vida del individuo.

 C. El episodio no es atribuible a los efectos fisiológicos de una sustancia u otra condición médica.

Nota 1: Los Criterios A-C representan un episodio depresivo mayor. Este tipo de episodio es común en el Trastorno Bipolar tipo I, aunque no es necesario para el diagnóstico de ese trastorno.

Nota 2: Las respuestas a una pérdida significativa (por ejemplo, luto, ruina financiera, pérdidas por desastre natural, enfermedad médica grave o incapacidad) pueden incluir sentimientos de tristeza intensos, rumoridad Cerca de la pérdida, insomnio, falta de apetito y pérdida de peso observados en el momento Criterio A, que pueden asemejarse a un episodio depresivo. Aunque estos síntomas pueden ser entendidos o considerados apropiados a la pérdida, la presencia de un episodio depresivo mayor, además de la respuesta normal a una pérdida significativa, debe ser cuidadosamente considerada. Esta decisión requiere inevitablemente ejercicio del juicio clínico, basado en la historia del individuo y en las normas culturales para la expresión de sufrimiento en el contexto de una pérdida.

Fuente: Manual Diagnóstico y Estadístico de Trastornos Mentales, 5° ed. (APA, 2018).

✓ Características Diagnósticas

El Trastorno Bipolar tipo II se caracteriza por un curso clínico de episodios de humor recurrentes, consistentes en uno o más episodios depresivos mayores (Criterios AC en el episodio depresivo mayor) y al menos un episodio hipomaníaco (Criterios AF en "Episodio Hipomaníaco"). El episodio depresivo mayor debe tener una duración de al menos dos semanas y el hipomaníaco de al menos cuatro días para que se cumplan los criterios diagnósticos. Durante el episodio(s) de humor, la cantidad necesaria de síntomas debe estar presente la mayor parte del día, casi todos los días, además de los síntomas representan un cambio notable del comportamiento y del funcionamiento habituales. La presencia de un episodio maníaco durante el curso de la enfermedad excluye el diagnóstico de Trastorno Bipolar tipo II

(Criterio B en "Trastorno Bipolar tipo II"). Los episodios de trastorno depresivo inducido por sustancia/medicamento o de Trastorno Bipolar y trastorno relacionado inducido por sustancia/medicamento (debido a los efectos fisiológicos de un fármaco, otros tratamientos somáticos para depresión, drogas de abuso o exposición a toxina) o trastorno depresivo y trastorno relacionado debido a otra condición médica o Trastorno Bipolar y trastorno relacionado debido a otra condición médica no cuentan para el diagnóstico de Trastorno Bipolar tipo II, a menos que persista más allá de los efectos fisiológicos del tratamiento o de la sustancia y atiendan a los criterios de duración para un episodio. Además, los episodios no deben ser mejor explicados por trastorno esquizoafectivo, no estando sobrepuesto a la esquizofrenia, al trastorno esquizofreniforme, al trastorno delirante oa otro trastorno del espectro de la esquizofrenia u otros trastornos psicóticos especificado o al trastorno del espectro esquizofrenia y otros trastornos psicóticos no espedificados (Criterio C en "Trastorno Bipolar tipo II").

Los episodios depresivos o las oscilaciones hipomaníacas deben causar sufrimiento o perjuicio clínicamente significativo en el funcionamiento social, profesional o en otras áreas importantes de la vida del individuo (Criterio D en "Trastorno Bipolar tipo D"); para episodios hipomaníacos, sin embargo, esta exigencia no necesita ser atendida. Un episodio hápemaníaco que causa daño significativo podría ser diagnosticado como episodio maníaco y diagnóstico de Trastorno Bipolar tipo I a lo largo de la vida. Los episodios depresivos mayores recurrentes suelen ser más frecuentes y prolongados que los que ocurren en el Trastorno Bipolar tipo I.

Las personas con Trastorno Bipolar tipo II normalmente se presentan al clínico durante un episodio depresivo mayor, siendo improbable que se quejen inicialmente de hipomanía. En general, los episodios hipomaníacos no causan daño por sí mismos. En vez de ello, el perjuicio es consecuencia de los episodios depresivos mayores o del patrón persistente de cambios y oscilaciones, imprevisibles de humor y de la inestabilidad del funcionamiento interpersonal o profesional. Los individuos con Trastorno Bipolar tipo II pueden no encarar los episodios hipomaníacos como patológicos o perjudiciales, aunque otras personas pueden sentirse perturbadas por su comportamiento. Errático. Las informaciones clínicas dadas por otras personas, como amigos más cercanos o parientes, suelen ser útiles para el establecimiento de un diagnóstico de Trastorno Bipolar tipo II.

Un episodio hipomaníaco no debe ser confundido con los varios días de eutimia y de restauración de la energía o de la actividad que pueden venir después de la remisión de un episodio depresivo mayor. A pesar de las diferencias sustanciales en la duración y la gravedad entre un episodio maníaco y un hipomaníaco, el Trastorno Bipolar tipo II no representa una "forma más leve" del Trastorno Bipolar tipo I. En comparación con los sujetos con Trastorno Bipolar tipo I, los que presentan Trastorno Bipolar el tipo II tienen mayor cronicidad de la enfermedad y pasan, en promedio, más tiempo en la fase depresiva, que puede ser grave y/o incapacitante. Los síntomas depresivos durante un episodio hipomaníaco o síntomas hipomaníacos durante un episodio depresivo son comunes en individuos con Trastorno Bipolar tipo II y son más comunes en el sexo femenino, especialmente hipomanía con características mixtas. Los individuos con hipomanía con características mixtas pueden no caracterizar sus síntomas como hipomanía, experimentándolos como depresión con aumento de energía o irritabilidad.

✓ Características Asociadas que Sustentan el Diagnóstico

Una característica común del Trastorno Bipolar tipo II es la impulsividad, que puede contribuir con intentos de suicidio y trastornos por uso de sustancia. La impulsividad puede también originarse de un trastorno de la personalidad comórbida, trastorno por uso de sustancia, trastorno de ansiedad, otro trastorno mental o una condición médica. Puede haber niveles aumentados de creatividad en algunos individuos con Trastorno Bipolar. La relación puede ser, sin embargo, no lineal; es decir, grandes realizaciones creativas en la vida han sido asociadas a formas más ligeras de Trastorno Bipolar, y creatividad superior fue identificada en familiares no afectados. La satisfacción que el individuo tiene con la creatividad aumentada durante episodios hipomaníacos puede contribuir a ambivalencia en cuanto a buscar tratamiento o perjudicar la adhesión a él.

✓ Predominio

El predominio en 12 meses del Trastorno Bipolar tipo II, internacionalmente, es del 0,3%. En los Estados Unidos, el predominio en 12 meses es del 0,8%. La tasa de prevalencia del Trastorno Bipolar tipo II pediátrico es difícil de establecer. En el DSM-IV, Trastornos Bipolar tipo I, bipolar tipo II y bipolar sin otras especificaciones resultaron en una tasa de prevalencia combinada del 1,8% en muestras de comunidades en los Estados Unidos y fuera del país, con tasas superiores (2,7% incluso) en jóvenes de 12 años de edad o más.

✓ Desarrollo y Curso

Aunque el Trastorno Bipolar tipo II puede comenzar al final de la adolescencia y durante la fase adulta, la edad media de inicio ocurre alrededor de los 25 años, lo que es un poco más tarde en comparación con el Trastorno Bipolar tipo I y más temprano en comparación trastorno depresivo mayor. Normalmente, la enfermedad comienza con un episodio depresivo y no es reconocida como Trastorno Bipolar tipo II hasta el surgimiento de un episodio hipomaníaco, lo que ocurre en cerca del 12% de las personas con diagnóstico inicial de trastorno depresivo mayor. Trastorno de ansiedad, por uso de sustancia o trastorno alimenticio pueden también anteceder el diagnóstico, complicando su detección. Muchos individuos tienen varios episodios de depresión mayor antes de la identificación del primer episodio hipomaníaco.

La cantidad de episodios en la vida (hipomaníacos y depresivos mayores) tiende a ser superior para Trastorno Bipolar tipo II en comparación con el trastorno depresivo mayor o Trastorno Bipolar tipo I. Sin embargo, los individuos con Trastorno Bipolar I son, en realidad, más propensos a tener síntomas hipomaníacos que aquellos con Trastorno Bipolar tipo II. El intervalo entre episodios de humor, en el curso de un Trastorno Bipolar tipo II, tiende a disminuir con el envejecimiento. Mientras que el episodio hipomaníaco es la característica que define el Trastorno Bipolar tipo II, los episodios depresivos son más duraderos e incapacitantes a lo largo del tiempo. A pesar del predominio de la depresión, ocurrido un episodio hipomaníaco, el diagnóstico pasa a Trastorno Bipolar tipo II y jamás se revierte para trastorno depresivo mayor.

Aproximadamente 5 a 15% de los individuos con Trastorno Bipolar tipo II tienen múltiples (cuatro o más) episodios de humor (hipomaníaco o depresivo mayor) en los 12 meses anteriores. Cuando está presente, este patrón es registrado por el especificador "con ciclo rápido". Por definición, los síntomas psicóticos no ocurren en episodios hipomaníacos y parecen ser menos frecuentes en episodios depresivos mayores del Trastorno Bipolar tipo II que en los del Trastorno Bipolar tipo I.

El cambio de un episodio depresivo a un maníaco o hipomaníaco (con o sin características mixtas) puede ocurrir tanto espontáneamente como durante el tratamiento para la depresión. Alrededor del 5 al 15% de los individuos con Trastorno Bipolar tipo II acaban por desarrollar un episodio maníaco, lo que cambia el diagnóstico para Trastorno Bipolar tipo I, independientemente del curso posterior.

Suele ser un desafío hacer el diagnóstico en niños, sobre todo en aquellos con irritabilidad e hiperexcitabilidad no episódica (ausencia de períodos bien delimitados de humor alterado). Irritabilidad no episódica en los jóvenes está asociada a un riesgo elevado para trastornos de ansiedad y trastorno depresivo mayor, pero no Trastorno Bipolar, en la vida adulta. Los jóvenes persistentemente irritables tienen tasas familiares inferiores de Trastorno Bipolar, en la comparación con jóvenes con Trastorno Bipolar. Para el diagnóstico de un episodio hipomaníaco, los síntomas del niño deben exceder de lo esperado en un determinado ambiente y cultura para su etapa de desarrollo. En comparación con el inicio en el adulto, el inicio del Trastorno Bipolar tipo II en la infancia o en la adolescencia puede estar asociado a un curso más grave a lo largo de la vida. La tasa de incidencia en tres años del inicio del Trastorno Bipolar tipo II en adultos mayores de 60 años es de 0,34%. Sin embargo, distinguir individuos con más de 60 años con Trastorno Bipolar tipo II de inicio precoz o tardío no parece tener ninguna utilidad clínica.

✓ **Factores de Riesgo y Pronóstico Genéticos y fisiológicos**

El riesgo de Trastorno Bipolar tipo II tiende a ser más elevado entre parientes de personas con esa condición, en oposición a personas con Trastorno Bipolar tipo I o tránsito depresivo mayor. Puede haber factores genéticos influenciando la edad del inicio de trastornos bipolares. El riesgo de suicidio en el Trastorno Bipolar tipo II. Cerca de un tercio de los individuos con trastorno relata historia de intento de suicidio a lo largo de la vida. Las tasas de prevalencia de tentados durante la vida, en los Trastornos Bipolar tipo I y tipo II, parecen asemejarse (32,4 y 36,3%, respectivamente). La letalidad de los intentos, sin embargo, definida por una proporción menor de intentos hasta suicidios consumados, puede ser mayor en individuos con Trastorno Bipolar tipo II comparados a aquellos con Trastorno Bipolar tipo I. Puede existir asociación entre marcadores genéticos y riesgo aumentado de comportamiento suicida en individuos con Trastorno Bipolar, incluyendo riesgo 6,5 veces mayor de suicidio entre parientes de primer grado de probandos con Trastorno Bipolar tipo II comparados a los con Trastorno Bipolar tipo I.

✓ **Consecuencias Funcionales del Trastorno Bipolar Tipo II**

Aunque muchas personas con Trastorno Bipolar tipo II vuelven a un nivel totalmente funcional entre los episodios de humor, al menos el 15% continúan teniendo alguna disfunción entre los episodios, y el 20% cambia directamente a otro episodio de humor sin recuperación entre episodios. La recuperación funcional está muy por debajo de la recuperación de los síntomas del Trastorno Bipolar tipo II, especialmente en lo que se refiere a la recuperación profesional, resultando en una condición socioeconómica más baja a pesar de niveles equivalentes de educación en comparación con la población en general. Los individuos con Trastorno Bipolar tipo II tienen un desempeño inferior al de aquellos sanos en pruebas cognitivas y, excepto en memoria y fluencia semántica, tienen un perjuicio cognitivo similar al de las personas con Trastorno Bipolar tipo I. Los perjuicios cognitivos asociados al Trastorno Bipolar tipo II pueden contribuir a dificultades en el trabajo. El desempleo prolongado en individuos con Trastorno Bipolar está asociado a más episodios de depresión, edad más avanzada, tasas mayores de trastorno de pánico actual e historia de trastorno por uso de alcohol a lo largo de la vida.

✓ Diagnóstico Diferencial

Trastorno depresivo mayor. Tal vez el diagnóstico diferencial más desafiante a ser considerado es el de trastorno depresivo mayor, que puede estar acompañado de síntomas hipomaníacos o maníacos que no satisfacen la totalidad de los criterios (menos síntomas o menor duración de lo necesario para un episodio hipomaníaco). Esto es especialmente cierto en la evaluación de personas con síntomas de irritabilidad, que pueden estar asociados al trastorno depresivo mayor o al Trastorno Bipolar tipo II.

Trastorno ciclotímico. En el trastorno ciclotímico, hay varios períodos de síntomas hipomaníacos e innumerables períodos de síntomas depresivos que no atienden a los criterios de números de síntomas o de duración para episodio depresivo mayor. El Trastorno Bipolar tipo II es diferente del trastorno ciclotímico por la presencia de uno o más episodios depresivos. Cuando ocurre un episodio depresivo mayor después de los dos primeros años de trastorno ciclotímico, se establece el diagnóstico adicional de Trastorno Bipolar tipo II.

Trastornos del espectro de la esquizofrenia y otros trastornos psicóticos relacionados. El Trastorno Bipolar tipo II debe ser diferenciado de trastornos psicóticos (por ejemplo, trastorno esquizoafectivo, esquizofrenia y trastorno delirante). La esquizofrenia, trastorno esquizoafectivo y trastorno delirante son todos caracterizados por períodos de síntomas psicóticos que ocurren en ausencia de síntomas acentuados de humor. Otras consideraciones útiles incluyen los síntomas asociados, el curso anterior y la historia familiar.

Trastorno de pánico y otros trastornos de ansiedad. Los trastornos de ansiedad deben ser tenidos en cuenta en el diagnóstico diferencial y, a menudo, pueden estar presentes como trastornos comórbidos.

Trastornos por uso de sustancia. Los trastornos por uso de sustancias forman parte del diagnóstico diferencial. Trastorno de déficit de atención / hiperactividad. El trastorno de déficit de atención/hiperactividad puede ser diagnosticado erróneamente como Trastorno Bipolar tipo II, sobre todo en adolescentes y niños. Muchos síntomas de TDAH, como rapidez del habla, velocidad de los pensamientos, distractibilidad y menor necesidad de sueño, se superponen a los de hipomanía. El "doble recuento" de síntomas para TDAH y Trastorno Bipolar tipo II puede evitarse si el clínico aclara si los síntomas representan un episodio distinto y si el aumento notable en relación al comportamiento habitual del individuo, necesario para el diagnóstico de Trastorno Bipolar tipo II, está presente.

Trastornos de la personalidad. La misma convención aplicada para el TDAH vale para la evaluación de un individuo para trastorno de la personalidad, como el trastorno de la personalidad borderline, una vez que la oscilación del humor y la impulsividad son comunes en los trastornos de la personalidad y en el Trastorno Bipolar tipo D. los síntomas deben representar un episodio distinto, y el aumento notable en relación al comportamiento habitual del individuo, necesario para el diagnóstico de Trastorno Bipolar tipo n, debe estar presente. No se debe hacer diagnóstico de trastorno de la personalidad durante un episodio no tratado de humor, a menos que la historia de vida apoye la presencia de un trastorno de la personalidad.

Otros trastornos bipolares. El diagnóstico de Trastorno Bipolar tipo II debe ser diferenciado del Trastorno Bipolar tipo I por la evaluación cuidadosa en cuanto a haber existido o no episodios pasados de mania. Se debe diferenciar de otro Trastorno Bipolar y trastornos relacionados especificado o Trastorno Bipolar y trastorno relacionado no especificado por la confirmación de la presencia de episodios completos de hipomanía y depresión.

✓ Comorbidade

El Trastorno Bipolar tipo II se asocia con mucha frecuencia a uno o más de un trastorno mental comórbido, siendo los trastornos de ansiedad más comunes. Alrededor del 60% de las personas con Trastorno Bipolar tipo II tienen tres o más trastornos mentales comórbidos; El 75% tiene trastorno de ansiedad; y un 37%, trastorno por uso de sustancia. Niños y adolescentes con Trastorno Bipolar tipo II tienen una tasa superior de trastornos de ansiedad comórbidos comparados a aquellos con Trastorno Bipolar tipo I, y el trastorno de ansiedad ocurre más frecuentemente antes del Trastorno Bipolar. Trastorno de ansiedad y trastornos por uso de sustancias ocurren en individuos con Trastorno Bipolar tipo II en proporción más alta que en la población en general. Cerca del 14% de las personas con Trastorno Bipolar tipo II tienen al menos un trastorno alimentario a lo largo de la vida, con el trastorno de compulsión alimentaria siendo más común que la bulimia nerviosa y la anorexia nerviosa. Estos trastornos comórbidos generalmente parecen no seguir un curso que sea realmente independiente de aquel del Trastorno Bipolar; tienen, esto sí, fuertes asociaciones con los estados de humor. Por ejemplo, trastornos de ansiedad y trastornos alimentarios tienden a asociarse más con síntomas depresivos, y trastornos por uso de sustancias están moderadamente asociados a síntomas maníacos.

5.1. Diagnóstico Diferencial

La manía, particularmente en las formas más graves asociadas a delirios paranoides, agitación e irritabilidad, puede ser difícil de distinguir de la esquizofrenia, que presenta en general mayor número de delirios incongruentes con el humor y síntomas schneiderianos de primer orden (por ejemplo: sonorización del pensamiento, alucinaciones auditivas refiriéndose al paciente en la tercera persona), además de síntomas negativos, como embotamiento afectivo. Las ideas delirantes de grandeza también pueden aparecer en la esquizofrenia, pero sin el humor expansivo o eufórico observado en la manía. La hipomanía puede ser confundida con estados de humor normales, como la alegría y la irritabilidad que suelen tener factores desencadenantes positivos o negativos (como una buena o mala noticia), que no necesariamente son percibidos por los demás como diferentes del patrón habitual de humor de la persona, no causan perjuicios ni acarrean implicación con actividades de riesgo o disminución en la necesidad de sueño. La hipomanía puede o no tener factores desencadenantes, pudiendo ser positivos o negativos, como el fallecimiento del cónyuge. A menudo, la hipomanía y el Trastorno Bipolar tipo II pueden ser confundidos con trastornos de personalidad como el antisocial, el narcisista, el histriónico y el borderline. El DSM-V resuelve el problema de este diagnóstico diferencial permitiendo la comorbilidad de estos cuadros. Los trastornos de personalidad suelen ser más crónicos, con inicio en la infancia o en la adolescencia y tener peor respuesta al tratamiento medicamentoso. La historia familiar de trastorno del humor también ayuda en el diagnóstico diferencial. (MORENO, MORENO, 2005).

De acuerdo con Akiskal et al. (2001 apud Ibidem), la manía y la hipomanía con irritabilidad deben ser diferenciadas de la depresión unipolar. En esta, si hay agitación psicomotora, no es tan intensa como en el TB. El humor depresivo suele estar presente, la mayor parte del tiempo, en la depresión y no en la hipomanía o la manía. El diagnóstico diferencial también debe ser hecho con trastornos ansiosos que suelen acompañar las depresiones, como el de ansiedad generalizada. Según ese mismo autor, las manías también pueden ser caracterizadas por humor ansioso. Una vez más la agitación de la ansiedad generalizada es menor que la de la manía. La historia familiar de TB también ayuda en el diagnóstico diferencial.

Los trastornos de control de impulsos, como cleptomanía, piromania y trastorno explosivo intermitente, deben ser diferenciados de la hipomanía y la manía. En general, estos se caracterizan solo por el descontrol de la impulsividad, sin quejas de aumento de energía, agitación psicomotora o disminución de la necesidad del sueño, y el descontrol de la impulsividad también suele ser mayor en el TB. Otro diagnóstico diferencial importante es con la intoxicación o abstinencia de sustancias, ya que a menudo el TB presenta comorbilidad con el abuso o la dependencia de alcohol u otras sustancias. Muchas veces, el diagnóstico diferencial solo es posible por medio de una investigación toxicológica de sangre u orina.

> El TB es una condición psicopatológica que presenta uno de los diagnósticos más largos. En general, el paciente pasó por más de tres médicos y recibió al menos tres diagnósticos incorrectos antes de ser adecuadamente diagnosticado. Psicopatologias que poseen aumento de impulsos en general (bulimia, TOC, cleptomania, etc.), relacionados al uso de sustancias, Trastorno de Ansiedad, Depresión Unipolar, Psicosis, Trastorno de Déficit de Atención / hiperactividad, Trastorno de la personalidad Borderline, Trastorno de Conducta, entre otros, pueden ocurrir en comorbilidad con el TB; contribuyendo al agravamiento de la sintomatología maníaca o mixta, o constituir únicamente un estado mixto o maníaco. El diagnóstico diferencial puede ser auxiliado por la presencia de historia familiar de TB o alcoholismo, edad de inicio precoz, evolución episódica, concomitancia con aceleración de pensamiento y aumento de la energía y activación, además de los cambios del humor y afectivos. (ALCANTARA et al., 2003)

En virtud de ignorar la elevada prevalencia del trastorno del espectro bipolar (TB I y II, Ciclotimia, Hipomanía y TB sin otra especificación), las respectivas depresiones suelen ser confundidas con cuadros exclusivamente unipolares. Además, se evidenció una serie de factores preceptores de Trastorno Bipolar en deprimidos considerados unipolares, fundamentados en los conocimientos clínico-epidemiológico y terapéutico, acumulados a lo largo de los últimos años:

> Historia familiar de Trastorno Bipolar en parientes de primer grado;
> Manía o hipomanía inducida por antidepresivos;
> Episodios depresivos recurrentes o breves (en media 3 meses);
> Depresión con múltiples comorbilidades;
> Trastorno de ansiedad relacionada al uso de sustancias;
> Trastorno de la personalidad, de la alimentación, del control de los impulsos;
> Pérdida de efectos antidepresivos (respuesta aguda, pero no mantenida);
> Falta de respuesta a tres o más ensayos antidepresivos.

En última instancia, las depresiones unipolares, o más respectivamente no bipolares, representan cuadros de pronóstico y evolución más benignos, sin síntomas psicóticos, sin cronificación, sin múltiples recurrencias y comorbilidades, y sin resistencia terapéutica o respuesta de empeoramiento a los antidepresivos, que se se inician más tarde en pacientes sin antecedentes familiares de trastorno del humor o alcoholismo. (MORENO et al., 2005 apud BARLOW, 2008).

5.2. Características Específicas

La práctica clínica cotidiana con pacientes con Trastorno Bipolar del humor (TBH) revela que los casos de comorbilidad son bastante frecuentes. Diversos estudios epidemiológicos, entre ellos el Estudio Nacional de Comorbilidad (National Comorbidity Survey-NCS) (KESSLER et al., 1994 apud SANCHES; ASSUNCAO; HETEM, 2005) confirman este hecho. Los índices de comorbilidad entre pacientes con TBH varían de 30% a casi 100%, según la metodología y la muestra seleccionada. Las principales comorbilidades en pacientes con TBH son abuso de sustancias y trastornos de ansiedad. Trastornos alimentarios, trastornos de personalidad y, entre otras enfermedades, el hipotiroidismo, la migraña y la obesidad también son frecuentes. Estas últimas son más comunes en mujeres que en hombres con TBH (ARNOLD, 2003 apud Ibidem).

La prevalencia del TB ocurre en igual proporción para ambos géneros. A diferencia de la Depresión Unipolar, en la que su incidencia es superior en el sexo femenino: 1,9% hombres y 3,2% mujeres. Sus manifestaciones surgen de forma más común en grupos con edades oscilantes entre los veinte y los treinta años. Los estudios sobre factores genéticos revelan también su alta heredabilidad: diez veces mayor entre parientes de primer grado, con una incidencia del 67% entre Gemelos Monozigóticos y el 27% para Gemelos Dizigóticos. (KONRADI et al., 2004 apud VIEIRA, 2006).

Sin embargo, no existe un consenso en la literatura referente a las principales comorbilidades presentes en el TB, investigaciones revelan: 74,9% cualquier Trastorno de Ansiedad; 42,3% Abuso de Sustancia y 70,1% Multimorbidad. Los datos de metanálisis constataron una tasa media de suicidio en pacientes con TB del 15%, cerca de treinta veces mayor que en la población general. (MERINKANGAS, 2007 apud KAPCZINSK, QUEVEDO, 2009).

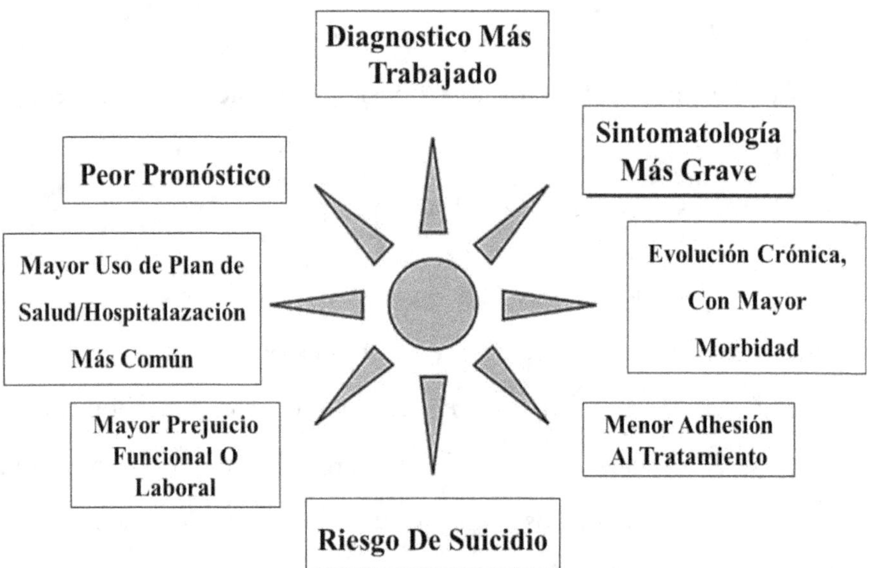

Figura 7. Las principales complicaciones de las comorbilidades. Invariablemente, su presencia dificulta el diagnóstico y el manejo clínico del paciente con TB y está asociado a un peor pronóstico, tanto en términos de respuesta al tratamiento y de

remisión. Por eso, su identificación debe ser uno de los puntos fundamentales en cualquier protocolo de tratamiento para esos pacientes. (SOARES et al., 2002 apud SANCHES; HETEM, 2005).

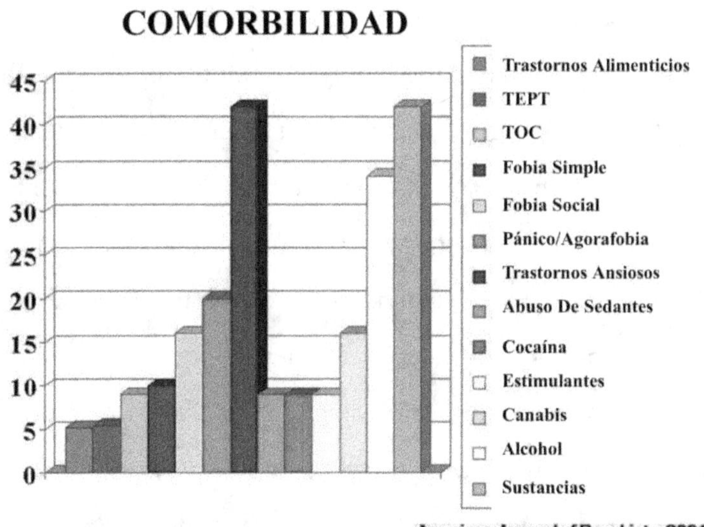

Figura 8. Cuadro con los principales Trastornos Comórbidos presentes en el Trastorno Bipolar. (American Journal of Psychiatry, 2001 apud RIBEIRO; LARANJEIRA; CIVIDANES, 2005).

6. Tratamientos

El tratamiento del paciente eutímico siempre debe considerar la posibilidad de que el paciente tenga episodios de manía y/o depresión. La eutimia, usualmente, se define como la remisión de los síntomas, sin embargo, idealmente, sería el período en el cual el paciente no solo estaría sin síntomas, pero reintegrado funcionalmente en sus actividades de rutina. El objetivo del tratamiento, por lo tanto, es mantener al paciente sin síntomas. Así, la meta principal del tratamiento es la remisión y no solo la respuesta clínica (reducción del 50% de los síntomas observados), que es comúnmente usada como medida de desenlace en los ensayos clínicos. El tratamiento del Trastorno Bipolar se divide en tres fases: aguda, continuación y mantenimiento. Los objetivos del tratamiento durante la fase aguda son: tratar la manía sin causar depresión y/o consistentemente mejorar la depresión sin causar manía. La fase de continuación busca estabilizar los beneficios, reducir los efectos colaterales, tratar hasta la remisión, reducir la posibilidad de recaída y aumentar el funcionamiento global. Finalmente, los objetivos del tratamiento en la fase de mantenimiento son: prevenir manía y/o depresión y maximizar la recuperación funcional, es decir, que el paciente continúe en remisión. (GOODWIN, 2003 apud SOUZA, 2005).

También existe la necesidad del tratamiento de mantenimiento en el Trastorno Bipolar (TB) porque se estima que la tasa de recurrencia es del 60% al 80% después de la interrupción de la terapia con Litio o antipsicóticos, y del 20% al 50% durante algún otro tipo (YAZICI et al., 2004 apud Ibidem) para el TB. Además, una proporción considerable de pacientes con TB, incluso aquellos intensamente monitoreados y tratados adecuadamente en los episodios agudos, van a tener morbilidades relacionadas a la enfermedad residual. Como resultado, los objetivos del tratamiento a largo plazo incluyen no solo prevención de comportamiento suicida y recurrencia de depresión o manía, sino también mejora de los síntomas subsindrómicos, adherencia al tratamiento, calidad de vida, cognición y resultados funcionales.

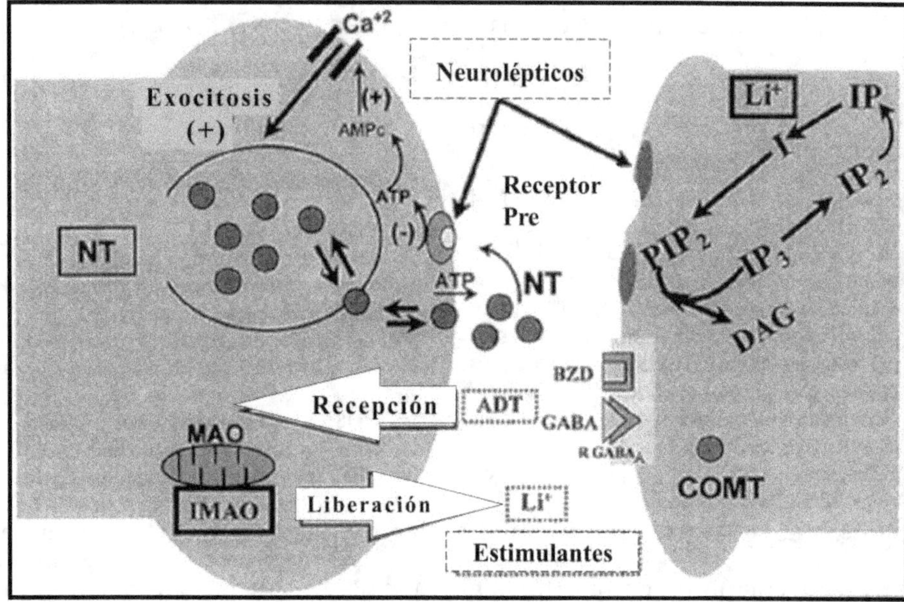

Figura 9. Esquema ilustrativo de los sitios de acción de los principales psicofármacos en la transmisión sináptica. Los antidepresivos inhiben la monoaminoxidasa (MAO) y/o la recaptura de neurotransmisores, los psicoestimulantes actúan en la liberación, los neurolépticos bloquean receptores, el litio inhibe la liberación e interfiere con el ciclo del fosfatidinilinositol. Las benzodiazepinas (BZDs) se unen a receptores propios localizados cerca del receptor GABA-A, potenciando la acción de ese transmisor. (GORENSTEIN, 1999).

6.1. Objetivos Del Tratamiento

En los últimos años los hallazgos sobre el impacto del TB sobre la calidad de vida y el funcionamiento social, cognitivo y ocupacional obliga a cambiar los objetivos de recuperación sintomática por los de recuperación funcional. La recuperación funcional será por tanto el nuevo objetivo terapéutico. Sheri L. Johnson y Robert L. Leahy junto con autores de todo el mundo han llegado a la conclusión que esta nueva meta implica la necesidad de un tratamiento combinado en el que la farmacología es lo esencial y el tratamiento psicológico permite no sólo abordar los problemas secundarios relacionados con el trastorno sino también mejorar los resultados para el paciente bipolar. La mayoría de las intervenciones contienen elementos psicoeducativos en los que se promueve el cumplimiento terapéutico, la identificación precoz de los síntomas, se hace hincapié en la importancia de la estabilidad en el estilo de vida, y se evalúan las creencias del paciente sobre su salud y la conciencia de su trastorno. Es más, las guías clínicas terapéuticas actuales incluyen la aplicación regular de la psicoterapia como parte integral del tratamiento.

Objetivo Terapéutico	Tratamiento Farmacológico	Intervención Psicológica
Tratamiento de episodios		

Agudos Manía/ hipomanía Estado mixto Depresión	++ + +	- - +/-
Tratamiento de síntomas psicóticos	+	-
Profilaxis y recurrencias	++	++
Tratamiento de ansiedad e insomnio	++	+/-
Prevención de suicidio	++	+
Prevención de abuso de tóxicos	+	+
Cumplimiento terapéutico	+	+
Reducción del deterioro	+/-	+/-
Información y adaptación a la enfermedad crónica	-	++
Mejoría del funcionamiento interepisódico	+	+
Apoyo social	-	+
Apoyo familiar	-	++
Identificación precoz de los síntomas prodrómicos	-	++
Afrontamiento de consecuencias Psicológicas de episodios pasados y futuros	-	+

Tabla 5. Objetivos en el tratamiento de los Trastorno bipolares

Tipo de intervención	Objetivos
Psicoeducación	Educación sobre la enfermedad y el tratamiento
	Manejo de la enfermedad
Resolución de problemas	Manejo del trabajo
	Manejo Familia
	Objetivos de vida fuera de la enfermedad
Psicodínámicas	Relaciones interpersonales inestables
Intervención interpersonal	Manejo de la perdida
	Vulnerabilidad
	Autoconcepto

Tabla 6. Intervenciones Psicológicas en el tratamiento del TB

En general, los enfoques terapéuticos beneficiosos para el tratamiento del trastorno bipolar incluyen Psicoeducación (PE), Terapia Cognitivo Conductual (TCC), Terapia Interpersonal (TI), Terapia Familiar (TF). Robert L. Leahy, en el capítulo 7, revisa la aplicación de la TCC en el trastorno bipolar del trabajo de Albert Ellis y Aarón Beck en los años 70. El autor dice que la premisa básica de esta terapia se basa en la teoría que emociones intensas, disfuncionales y crónicas tienen origen en pensamientos distorsionados e irracionales. Estos pensamientos, según dice el autor, están internalizados pero tienen impacto en la conducta y patrones de comportamiento social del individuo. El autor, basándose en el trabajo de Ellis y Beck, expone que las percepciones de las situaciones de la vida diaria pueden producir problemas emocionales y comportamentales que pueden exacerbar los síntomas del TB y su impacto en la respuesta terapéutica. Robert L. Leahy, de acuerdo con la TCC, dice que los "eventos activadores" (desencadenantes situacionales) llevan a creencias (pensamientos irracionales y distorsionados) que originan consecuencias emocionales y conductuales (depresión, ira, intentos de suicidio).

6.2. Psicoterapia y Estabilizadores del Humor

Aunque el tratamiento farmacológico es esencial para el tratamiento del Trastorno Bipolar, solo el 40% de todos los pacientes que se adhieren a las medicaciones permanecen asintomáticos durante el período de seguimiento, lo que ha llevado al desarrollo de intervenciones psicoterápicas asociadas. En este contexto, Knapp e Isolan (2005) destacan que la Terapia Cognitivo-Comportamental (TCC) es una terapia breve y estructurada, orientada a la solución de problemas, que involucra la colaboración activa entre el paciente y el terapeuta para alcanzar objetivos establecidos. Los objetivos de la TCC en el Trastorno Bipolar son:

1. Educar pacientes y familiares sobre el Trastorno Bipolar, su tratamiento y sus dificultades asociadas a la enfermedad;

2. Enseñar métodos para monitorear la ocurrencia, la gravedad y el curso de los síntomas;

3. Facilitar la aceptación y la cooperación en el tratamiento;

4. Ofrecer técnicas no farmacológicas para lidiar con síntomas y problemas;

5. Ayudar al paciente a enfrentar factores estresantes que interfieran en el tratamiento;

6. Estimular la aceptación de la enfermedad;

7. Aumentar el efecto protector de la familia;

8. Disminuir el trauma y el estigma asociado a la enfermedad.

La Terapia Cognitivo-Comportamental (TCC) ha sido el abordaje psicoterápico más ampliamente estudiado en el Trastorno Bipolar. Varios estudios evidencian la eficacia de esta técnica en el tratamiento de pacientes con Trastorno Bipolar, incluyendo los citados a continuación. El primer estudio controlado evaluando la TCC en el Trastorno Bipolar fue realizado por Cochran (1984), en el cual fueron evaluados 28 pacientes bipolares, comparando TCC individual con el tratamiento usual. Cochran utilizó un enfoque que apuntaba básicamente a alterar las cogniciones y comportamientos que interfieran en la adhesión medicamentosa. Se verificó que los pacientes que recibieron TCC presentaron tasas más altas de adhesión y menores tasas de hospitalizaciones al término del tratamiento de seis semanas y después de un seguimiento de seis meses. Zaretsky et al. (1999) compararon el efecto de 20 sesiones de TCC adaptadas para depresión bipolar en 11 pacientes con depresión bipolar en uso de estabilizadores de humor con 11 controles con trastorno depresivo mayor que recibían TCC estándar. Se observó una disminución significativa en los síntomas depresivos en ambos grupos. Fava et al. (2001) evaluaron la TCC en 15 pacientes que recayeron a pesar de estar usando medicación. El tratamiento consistió de diez sesiones de 30 minutos cada semana, que se centraba en el tratamiento de los síntomas residuales e incluía psicoeducación, reestructuración cognitiva a la terapia de exposición para los síntomas depresivos, ansiosos y para irritabilidad. Este tratamiento se mostró eficaz en el tratamiento de los síntomas residuales y aumentó el tiempo de remisión de la enfermedad. (KNAPP e ISOLAN, 2005).

Lam et al. (2000) realizaron uno de los primeros estudios controlados evaluando la TCC en 25 pacientes con Trastorno Bipolar. En este estudio piloto se verificó que la TCC presentaba, en comparación con el tratamiento usual, una disminución significativa de episodios bipolares durante un período de 12 meses. Un reciente ensayo clínico realizado por Lam et al. (2003) analizó 103 pacientes con Trastorno Bipolar tipo I que presentaban recaídas frecuentes, a pesar de la farmacoterapia adecuada randomizada para TCC o para tratamiento usual. El tratamiento cognitivo-conductual consistió de 14 sesiones en los primeros seis meses y dos sesiones adicionales en los seis meses siguientes. En un período de seguimiento de 12 meses, los pacientes que realizaron TCC presentaron significativamente menos episodios de humor, menos días en un episodio de humor bipolar, menos hospitalizaciones, menos síntomas subsíndricos, trataron mejor con pródromos maníacos y presentan un mejor funcionamiento social. En el seguimiento de dos años del mismo ensayo clínico (Lam et al., 2005) no se encontró efecto significativo en la reducción de recaídas, aunque el

> grupo que recibió terapia cognitiva presentó, de nuevo, significativa reducción en número de días de episodios de humor bipolar, con una mejora significativa en las escalas de humor, en el funcionamiento social, en las estrategias de enfrentamiento de los prodromos de depresión y manía, y en las actitudes interpersonales disfuncionales. (KNAPP e ISOLAN, 2005).

La evolución del TB es más compleja debido a la variabilidad de las formas clínicas. Se acordó medir la extensión de cada episodio contabilizando el tiempo transcurrido entre el inicio y el final de cada fase. En los estudios que datan del período anterior al surgimiento de los psicofármacos, los episodios duraban 4 a 13 meses, los intervalos asintomáticos pasaban a ser más cortos, y los episodios, más largos, hasta estabilizarse a partir del cuarto o quinto episodio (SELLARO, 2000 apud BARLOW, 2008).

Los medicamentos son cruciales en el tratamiento del Trastorno Bipolar para disminuir la intensidad y el número de episodios del trastorno. La necesidad de esta terapéutica puede estar justificada por la fuerte carga genética y biológica de la enfermedad. Después de todo, los genes y las lesiones cerebrales no se pueden curar, pero es posible controlar las disfunciones. El uso correcto de estabilizadores como el carbonato de litio, por ejemplo, tiende a disminuir en hasta siete veces la mortalidad (por suicidio, accidentes y enfermedades derivadas del trastorno inmunológico del organismo) de pacientes bipolares. Los estabilizadores de humor deben introducirse al principio del tratamiento y estar presentes en gran parte del tiempo y solo pueden ser alterados o retirados si hay, claramente, perjuicios importantes relacionados con ellos.

La medicación debe ser prescrita también para disminuir la inestabilidad de funciones psíquicas y corporales - como el sueño y el apetito. Esta terapéutica básica necesita ser evaluada como estrategia a largo plazo, ya que sus resultados surgen más claramente en meses o hasta en año. Durante las fases agudas, a menudo se utilizan antidepresivos, o antipsicóticos y benzodiazepinas en las fases maníacas y mixtas. Pero la farmacología tiene limitaciones. Incluso los síntomas residuales, entre las fases, no siempre son pasibles de total control. Además, forma parte del cuadro clínico del paciente no creer que tiene algún problema. Justamente por eso, la psicoterapia, aunque por sí sola no es suficiente, desempeña un papel fundamental para ayudar a la persona a conocerse mejor, quedarse más atenta a si misma, aprendiendo a reconocer los síntomas. Una función importante de la terapia es favorecer el compromiso del paciente con el tratamiento farmacológico, ya que una de las principales causas de crisis es el abandono de tratamiento.

Nombre Químico	Nombre comercial
Ácido Valpróico	Depakene, Valpakine
Carbamazepina	Tegretard, Tegretol
Carbonato de Litio	Carbolim, Carbolitium, Litiocar, Neurolithiun
Divalproato de Sódio	Depakote
Gabapentina (AC)	Neurotontin, Progresse
Lamotrigina (AC)	Neurotontin, Progresse

Tabla 7. Principales Psicofármacos utilizados en el tratamiento del TB. (BALLONE, 2008).

En las fases agudas de la enfermedad, sin embargo, el papel del psicólogo es de soporte, se restringe al apoyo, con técnicas de alivio del sufrimiento que facilitan la adhesión al tratamiento medicamentoso, dejando en segundo plano la necesidad de buscar o discutir sentidos psíquicos para las crisis , ya que los síntomas intensos del paciente hacen improductivo el proceso terapéutico más profundo. Después de la fase aguda, se hace necesario un período de rehabilitación, con foco en la "psicoeducación".

En ese momento, el acompañamiento psicológico suele ser decisivo en una tarea tan difícil como necesaria: la reconstrucción de la vida personal después de un episodio afectivo, ya que después de una ocurrencia grave de la enfermedad es común que la persona se sienta emocionalmente muy afectada. Al mejorar, se constata que la vida profesional y la social pueden haber sido seriamente sacudidas y relaciones con el matrimonio, hijos, amigos y familia de origen, deteriorados. En los casos más graves, es necesario el auxilio de un acompañante terapéutico o de un terapeuta ocupacional que ayude a la persona a recobrar habilidades simples, como bañarse solo o ir al banco a sacar dinero.

6.3. Primera Línea de Tratamiento

a) LITIO: Hay una buena evidencia que indica el litio como monoterapia en el tratamiento de mantenimiento del TB. Un metanálisis de estudios conducidos antes de 1990 sugiere que la magnitud del efecto profiláctico del litio es mayor para prevenir episodios maníacos que episodios depresivos. Esto se confirmó en ensayos clínicos recientes, que mostraron un claro beneficio en la prevención de la manía, pero no en la depresión. El litio también tiene propiedades antisuídicas. La parada rápida de la terapia con Litio está asociada con altas tasas de recaídas en pacientes bipolares, incluso después de buena respuesta y un buen período libre de episodio agudo. Si el litio se detiene, esto se debe hacer gradualmente. (GOODWIN Y JAMISON, 1990 apud GORENSTEIN, 1999).

b) LAMOTRIGINA: Los ensayos clínicos demostraron la eficacia de *Lamotrigina* para prevenir la recaída del TB en pacientes con episodio más reciente maníaco, depresivo, o cicladores rápidos. La lamotrigina tiene una eficacia superior al placebo en uso prolongado para episodios maníacos. Esta droga no debe usarse como monoterapia para pacientes bipolares si la prevención de la recaída de manía es el objetivo más grande. La Lamotrigina parece presentar beneficios para los pacientes con TB tipo II con ciclo rápido, y en algunos casos la monoterapia con *Lamotrigina* es adecuada.

c) ÁCIDO VALPRÓICO: Aunque un ensayo clínico aleatorizado no mostró que el *Ácido Valproico* es superior al placebo en la prevención de recaídas de episodios bipolares, en otros fue tan efectivo como el litio ni la *Olanzapina* en la prevención de nuevos episodios. En este ensayo clínico negativo, ni el litio ni el *Ácido Valproico* mostraron superioridad en la medida primaria de eficacia. Sin embargo, un subanálisis mostró que el *Ácido Valproico* fue superior al placebo en pacientes severamente enfermos. Como los estudios ciegos y un estudio abierto controlado mostraron equivalencia del *Ácido Valproico* y de las drogas activas comparadas, junto con la gran experiencia y excelente tolerabilidad de esta medicación, el ácido valpróico debe ser considerado como primera línea de tratamiento. (KUKOPULOS et al., 1980 apud Ibidem)

d) OLANZAPINA: El tratamiento con *Olanzapina* reduce significativamente las tasas de recaída de episodios depresivos y maníacos comparado al placebo y es tan efectivo como el *Ácido Valproico* y el *Litio* en la prolongación de la remisión.

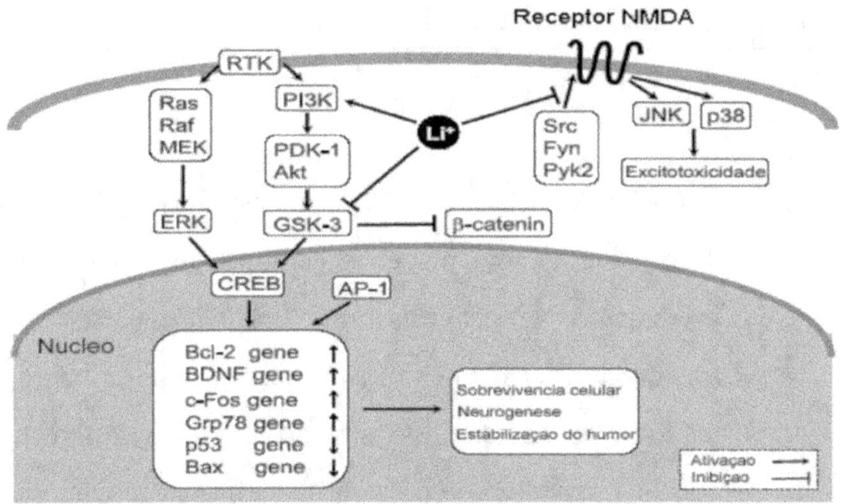

Figura 10. Mecanismos de neuroprotección del litio
(WADA et al, 2005 apud ZUNG; MICHELON; CORDEIRO, 2010).

6. 4. Segunda Línea de Tratamiento

a) **CARBAMAZEPINA:** No hay estudios a gran escala, doble ciegos y placebos controlados que hayan investigado la eficacia de *Carbamazepina* en el tratamiento del mantenimiento del TB. Sin embargo, la mayoría de los estudios, pero no todos han demostrado que la *Carbamazepina* tiene una eficacia mejor que el *Litio* y puede tener una eficacia profiláctica mejor que el litio en pacientes con presentaciones de manía no clásicas (por ejemplo, cuadros incongruentes con el humor , comorbidades TB tipo II).

b) **OTROS ANTIPSICÓTICOS ATÍPICOS:** El *Aripiprazol* prolonga significativamente el tiempo para la recurrencia y reduce significativamente el número de episodios de humor comparado con el placebo en un ensayo clínico de 6 meses. Sin embargo, un subanálisis mostró que el *Aripiprazol* fue superior al placebo en la prevención de la manía, pero no de la depresión. Por lo tanto, hasta el momento, esta droga se recomienda como un tratamiento de segunda línea para pacientes bipolares con episodios predominantemente maníacos.

(KLEINDIENST et al., 2000 apud MACHADO-VIEIRA, 2003).

No hay ensayos clínicos doble ciegos que examinen la eficacia a largo plazo de Risperidona, Quetiapina o Ziprasidona para el TB. Los datos de estudios abiertos sugieren que la risperidona puede ser efectiva en la mejora sostenida del TB cuando se utiliza en combinación con el litio, el ácido valproico o el topiramato. La quetiapina en monoterapia o con estabilizadores del humor y la monoterapia con Ziprasidona también han demostrado mejoras a largo plazo en estudios abiertos. (MACHADO-VIEIRA, 2003).

6.5. Tercera Línea de Tratamiento

a) **CLOZAPINA:** El tratamiento combinado con Clozapina fue significativamente mejor que el tratamiento habitual en un pequeño ensayo clínico aleatorizado de 6 meses. La evidencia de la literatura de la esquizofrenia demuestra que Clozapina tiene propiedades anti-suicidas, lo que sugiere el papel de este agente en algunos pacientes TB.

b) **ECT:** Las evidencias procedentes de serie de casos sugieren que el ECT de mantenimiento (generalmente usado junto con la medicación) es efectivo en reducir las hospitalizaciones en el TB. Sin embargo, una revisión concluyó que el ECT tiene un efecto benéfico agudo, pero no a largo plazo en la ideación/comportamiento suicida en pacientes con trastorno de humor (SHARMA et al., 2001 apud Ibidem).

6.6 Tratamiento No Recomendado

a) **BENZODIAZEPÍNICOS:** Una evaluación sistemática de los Benzodiazepínicos como agentes profilácticos en el TB nunca fue conducida, pero factores como dependencia, ansiedad de rebote, pérdida de memoria y síndrome de discontinuación hablan contra su uso a largo plazo. Por lo tanto, la ausencia de eficacia profiláctica y los riesgos asociados al uso a largo plazo no indican esta medicación en el tratamiento de mantenimiento del TB.

6.7 Terapia Combinada

La terapia combinada es una importante opción para los pacientes que no han respondido a un tratamiento con una monoterapia de primera línea. Sin embargo, no hay comparaciones sistemáticas de la monoterapia contra el uso de tratamientos combinados, y hay poca evidencia para recomendar una combinación sobre la otra. Combinaciones que han demostrado eficacia incluyen: Litio + Ácido Valproico o Carbamazepina; así como Litio o Ácido Valpróico + Olanzapina o Risperidona. No hay datos acerca de Litio + Lamotrigina, pero esta combinación se recomienda en función de sus efectos profilácticos confirmados como monoterapia. (TONDO et al., 1997 apud SOUZA, 2005).

6.8. Monoterapia con Antidepresivos

Aunque los antidepresivos tienen eficacia en los episodios depresivos agudos, una revisión con 7 ensayos aleatorizados de antidepresivos (predominantemente los tricíclicos) como monoterapia o en tratamiento combinado concluye que no son efectivos en la prevención de episodios futuros. En un estudio de mantenimiento de 1973, los episodios maníacos ocurrieron en el 12% de los pacientes que usaban litio, el 33% en los pacientes con placebo y el 66% en los pacientes que usaban monoterapia con Imipramina asociada a estabilizadores del humor se mantuvieron maniacos, comparados con apenas el 11% de aquellos que estaban aleatorizados para un tratamiento combinado con Bupropión (SACHS et al.,1994 apud CLEMENTE, 2015).

Estos datos claramente sugieren que los tricíclicos desestabilizan el curso del TB cuando se utilizan en monoterapia con ISRS para el tratamiento de mantenimiento del TB. Sin embargo, en un ensayo clínico de 1 año, comparado el litio, el ácido valproico y el placebo, en los que los pacientes recibían ISRS para episodios depresivos, una proporción significativamente grande de pacientes discontinuaron el estudio en el grupo de ISRS + placebo comparado con el grupo de ISRS + Ácido valproico.

Además, la monoterapia con ISRS tampoco es recomendada para el tratamiento del TB. (GYULAI et al.,2003 apud Ibidem).

INTERVENCIÓN	MANÍA AGUDA	DEPRESIÓN AGUDA	MANTENIMIENTO
Lítio	+	-	+
Valproato	+	-	+*
Carbamazepina	+	-	+**
Antidepressivos	-	+***	-
Lamotrigina	-	+	+/-
Olanzapina	+	-	+
Risperidona	+	-	-
Ziprasidona	+	-	-
Aripiprazol	+	-	-

+: evidencia de eficacia; -: sin evidencia de eficacia; +/-: sin eficacia en la profilaxis de la manía, pero con eficacia en la profilaxis de la depresión; + *: aunque el valproato es eficaz, hay evidencias de la superioridad del litio; + **: aunque la carbamazepina es eficaz, hay evidencias de la superioridad del litio; + ***: aunque los antidepresivos son eficaces en el tratamiento agudo de la depresión bipolar, pueden precipitar el giro hacia la manía o agravamiento de ciertos cuadros..

Tabla 8. Tratamiento de monoterapia en el Trastorno Bipolar: intervenciones basadas en ensayos clínicos aleatorizados. (GOODWIN, 2003 apud KAPCZINSKI, 2009).

Medicamentos	Ganancia De Peso	Sindrome Metabólico	Dislipidemia	Efectos Neurológicos	Reacciones Dermatológicas
Lithium	++	+	+	-	-
Valproic Acid	+++	+	+	En Embarazadas	rash
Lamotrigine	-	-	-	-	rash, SSJ, Risk 14 x larger
Carbamazepine	-	-	-	-	rash, SSJ
Olanzapine	+++	++	OR 1.5	-	-
Quetiapine	++	++	OR 1.4	-	-

Risperidone	++	++	OR 1.5	Sep	-
Ziprasidone	-	-	-	Sep	-
Aripiprazole	-	-	-	-	-
Clozapine	+++	++	OR 1.8	-	-
A. Typical	+	+	OR 1.2	Sep	-

+++ = gran probabilidad, - = probabilidad pequeña. **SSJ** = síndrome de Stevens Jonhson. **SEP** = síndrome extrapiramidal. **OR** = probabilidad de que el evento suceda, se fuera mayor que 1.

Tabla 9. Resumen de los efectos colaterales de las drogas utilizadas en el tratamiento del mantenimiento del TB.
(KETTER, 2010 apud ABP, 2012).

7. Otros Agentes

Los estudios abiertos y los datos preliminares sugieren el uso combinado con Oxcarbazepina o Fenitoína. Los estudios abiertos también sugieren eficacia del Topiramato agregado a los estabilizadores del humor, o antipsicóticos atípicos. El tratamiento combinado con Gabapentina fue efectivo para algunos pacientes que respondieron a este agente en la fase aguda, pero el 30% de los pacientes tuvieron pérdida de eficacia con el paso del tiempo. En un ensayo clínico de 4 meses, el omega-3 prolongó el tiempo de remisión comparado con el placebo. Flupentixol parece no tener eficacia profiláctica en los pacientes con TB. Agentes como Gabapentina, Topiramato y bloqueadores de canal de calcio han sido investigados para el uso en el TB, pero no existen datos suficientes recomendando su uso en monoterapia. (Stoll et al., 1999 apud MACHADO-VIEIRA, 2007).

> El uso clínico de las citocinas y de los neuropéptidos podría también representar nuevos objetivos potenciales para el desarrollo de nuevos tratamientos farmacológicos para trastornos de humor. Recientemente, los antagonistas específicos del receptor no-peptidérgico galanina GAL3 (SNAP-37889 y SNAP-398299) revelaron propiedades antidepresivas, pero que aún necesitan ser confirmadas por estudios clínicos controlados. A pesar de carecer de reproducción en nuevos estudios controlados, la fenitoína, la oxcarbazepina, el leviracetam, el topiramato y las altas

dosis de potenciación de la tiroides pueden tener efectos terapéuticos en el TB (ya sea en la manía, la depresión o la terapia de mantenimiento), y pueden también representar terapias de potenciación prometedoras para el TB refractario. Otras opciones efectivas para casos resistentes al tratamiento incluyen los inhibidores de la monoamino oxidasa.50 El tratamiento somático puede también desempeñar un papel en la terapia de la depresión resistente al tratamiento, incluyendo la estimulación del nervio vago (ENV), la estimulación magnética transcraneal (EMT) , y la estimulación cerebral profunda (ECP). (OGREN, 2006 apud MACHADO-VIEIRA, 2007).

De forma similar, la terapéutica de la depresión bipolar es un tema desafiante y crítico y que también se ha asociado con altos índices de casos resistentes al tratamiento. El uso de antidepresivos en la depresión bipolar no está claramente establecido. La combinación de antidepresivo y estabilizadores de humor es ampliamente utilizada, pero no se definió claramente la dosis apropiada y la duración del tratamiento de los diferentes agentes. Si bien demuestran una eficacia considerable en la depresión bipolar, los antidepresivos pueden provocar la alteración de la polaridad y cambios bruscos de humor, aumentando así el riesgo de ciclaje rápido y de trastornos de humor refractarios. En general, se ha propuesto que los antidepresivos, lamotrigina o topiramato (combinados con un estabilizador del humor), constituyen tratamientos de primera línea para la depresión bipolar I. Por ejemplo, en un gran estudio (n = 191) doble ciego, controlado con placebo, la lamotrigina presentó una eficacia antidepresiva superior en comparación con el placebo después de siete días. El topiramato también presentó eficacia antidepresiva en la depresión bipolar, en el ciclo rápido, en la manía aguda y en episodios mixtos resistentes a los tratamientos. Además, se ha defendido el uso de una estrategia de combinación con antidepresivos y un antipsicótico atípico, pero hay falta de datos convincentes que demuestren que la combinación es más eficaz que el uso de un antidepresivo aislado. (VIETA, 2002 apud MACHADO-VIEIRA, 2007).

Muchos enfoques se han propuesto para el TB resistente al tratamiento. Es sorprendente que solo las psicoterapias hayan sido específicamente validadas en ensayos clínicos controlados a gran escala como tratamiento adyuvante a los agentes farmacológicos. A lo largo de la última década, se han estudiado enfoques psicoterapéuticos específicos, incluyendo la psicoeducación en grupo, el tratamiento enfocado en la familia (TFF), la terapia cognitiva (TC) y la terapia interpersonal y de ritmo social (TIRS). Estos enfoques se prueban conjuntamente para validar su eficacia en una estructura específica y los resultados propuestos, incluyendo la disminución en el número de episodios y síntomas subsindrómicos, mayor adherencia al tratamiento y mejor funcionamiento social. En la manía aguda, estudios aleatorizados, doble ciegos, controlados con placebo, demostraron que la olanzapina y la risperidona, en combinación con litio o valproato, indujeron una mejora superior en comparación con un estabilizador de humor aislado. (MACHADO-VIEIRA, 2007).

8. Acerca Del Autor

Marcus Deminco (Salvador - BA, Brasil. Set, 28 de 1976) es un escritor y psicólogo brasileño; Doctor Honoris Causa en el Trastorno por Déficit de Atención e Hiperactividad (TDAH); Tutor de Programación Neurolingüística (NLP), autor de artículos científicos para el Portal de Psicólogos. (el sitio  de psicología más grande de Portugal) Dueño de varias frases, textos y pensamientos compartidos en redes sociales y sitios web. Entre sus escritos, el popular texto "¿Por qué leer a Paulo Coelho?" - Elogiado por el escritor Paulo Coelho mismo entre sus lectores. Además, Marcus Deminco es también el autor de los libros:

1. Yo y mi amigo DDA - Autobiografía de un portador del trastorno del déficit de atención.
2. El secreto de Clarice Lispector. (Edición portuguesa)
3. El secreto de Clarice Lispector (English Edition)
4. El Secreto de Clarice Lispector (Spanish Edition)
5. VERTYGO - El suicidio Lukas (portugués Edición)

6. VERTYGO - The Suicide of Lukas. (English Edition)

7. VERTYGO — El Suicidio de Lukas (Spanish Edition)

8. Helen Palmer - Una sombra de Clarice Lispector (portugués Edición)

9. La sombra de Clarice Lispector (English Edition)

10. Helen Palmer — Una Sombra de Clarice Lispector (Spanish Edition)

11. El trastorno bipolar - Información general (portugués Edición)

12. Bipolar Desorden - General Aspects (English Edition)

13. **PNL** - Lo primero es lo primero (edición portuguesa)

14. Neuro-Linguistic Programming - Beginning by the Beginning (English Edition)

15. Mensajes para publicar, disfrutar y compartir. Vol. 1

16. Mensajes para publicar, disfrutar y compartir. Vol. 2

17. Mensajes para publicar, disfrutar y compartir. Vol. 3

18. Colección de textos en E-Cards. Vol. 1

19. Colección de Textos en E-Cards. Vol. 2

—— PREMIOS Y HOMENAJES ——

1. Autor de "Estafeta Sem Rumo" — Premio de Antología Cecilio Barros Pessoa — Academia de Letras, Artes y Ciencias de Arraial do Cabo, RJ.

2. Doctor Honoris Causa en TDAH por la Asociación Brasileña de Medicina Psicosomática en reconocimiento a la contribución científica y relevancia social del libro: Yo y mi amigo TDA - Autobiografía de un individuo con Trastorno por Déficit de Atención.

3. Uno de los ganadores del premio de poesía contemporánea Além da Terra, Além do Céu otorgado por la Editorial Chiado (Portugal).

—— HABLE CON MARCUS DEMINCO ——

E-mail: marcusdeminco@gmail.com
Website: http://marcusdeminco.com/

Blog: http://marcusdeminco.blogspot.com.br/
Twitter: https://twitter.com/marcusdeminco
Facebook: https://www.facebook.com/marcus.deminco
Pinterest: https://www.pinterest.com/marcusdeminco/
Instagram: @marcusdeminco
Youtube: https://www.youtube.com/channel/UCRu8yfSoLewjuX6GO6o7Nmw
G+: https://plus.google.com/u/0/114858320913983491464
Tumblr: http://deminco.tumblr.com/
Flickr: https://www.flickr.com/photos/143729713@N06/with/28004881736/
GoodReads:
https://www.goodreads.com/author/show/7792932.Marcus_Deminco/
Pensador: https://pensador.uol.com.br/autor/marcus_deminco/

9. Referencias

ALCANTARA, Igor et al . **Avanços no diagnóstico do transtorno do humor bipolar**. Rev. psiquiatr. Rio Gd. Sul, Porto Alegre , v. 25, supl. 1, p. 22-32, Apr. 2003. Available from <http://www.scielo.br/scielo.php?script=sci_arttext&pid=S0101-81082003000400004&lng=en&nrm=iso>. access on 31 Mar. 2018. http://dx.doi.org/10.1590/S0101-81082003000400004.

ALDA, Martin. Transtorno Bipolar. Rev. Bras. Psiquiatr., São Paulo , v. 21, supl. 2, p. 14-17, Oct. 1999 . Available from <http://www.scielo.br/scielo.php?script=sci_arttext&pid=S1516-44461999000600005&lng=en&nrm=iso>. access on 03 Apr. 2018. http://dx.doi.org/10.1590/S1516-44461999000600005.

Associação Brasileira de Transtorno Bipolar. Disponível em: < http://www.abtb.org.br/transtorno.php >. Acesso em 03 Abr. 2018.

BALDAÇARA, Leonardo. **Transtornos Mentais**. Palmas, 2015.

BALLONE, GJ. **Estabilizadores do Humor.** PsiqWeb. Disponível em www.psiqweb.med.br >. Acesso em 03 Abr. 2018.

BALONNE, GJ. **CID-10 - Classificação Estatística Internacional de Doenças e Problemas Relacionados com a Saúde**. Psi.Web. Disponível em: < http://www.psicologia.com.pt/ >. Acesso em 03 abr. 2018.

BALONNE, GJ. **DSM-V - Manual de Diagnóstico e Estatística das Perturbações Mentais**. Psi.Web. Disponível em: < http://www.psicologia.com.pt/ >. Acesso em 03 Abr. 2018.

BARLOW, David H. DURAND, V. Mark. **Psicopatologia: uma abordagem integrada.** 4ªEd. Trad.: Roberto Galman. São-Paulo: Cengage Learning, 2008.

BOSAIPO NB, BORGES VF, JURUENA MF.**Transtorno Bipolar: uma revisão dos aspectos conceituais e clínicos**. **Medicina** (Ribeirão Preto, Online.) 2016;50(Supl.1),jan-fev.:72-84. Disponível em:<

http://revista.fmrp.usp.br/2017/vol50-Supl-1/SIMP8-Transtorno-Bipolar.pdf>.
Acesso em 03 Abr. 2018.

CLEMENTE, Adauto Silva. **Concepções dos psiquiatras sobre o Transtorno Bipolar do humor e sobre o estigma a ele associado**. Belo Horizonte: FIOCRUZ, 2015. Disponível em:<http://www.cpqrr.fiocruz.br/texto-completo/T_82.pdf >. Acesso em 03 Abr. 2018.

DEL PORTO, José Alberto. **Conceito e diagnóstico**. Rev. Bras. Psiquiatr. São Paulo, v. 21, supl. 1, p. 06-11, May 1999. Available from <http://www.scielo.br/scielo.php?script=sci_arttext&pid=S1516-44461999000500003&lng=en&nrm=iso>. access on 31 Mar. 2018. http://dx.doi.org/10.1590/S1516-44461999000500003.

DELGALARRONDO, Paulo. **Psicopatologia e semiologia dos transtornos mentais**. Porto Alegre: ArtMed, 2000.

DEL-PORTO, José Alberto; DEL-PORTO, Kátia Oddone. **História da caracterização nosológica do Transtorno Bipolar**. Rev. psiquiatr. clín., São Paulo , v. 32, supl. 1, p. 7-14, 2005 . Available from <http://www.scielo.br/scielo.php?script=sci_arttext&pid=S0101-60832005000700002&lng=en&nrm=iso>. access on 31 Mar. 2018. http://dx.doi.org/10.1590/S0101-60832005000700002.

Dicionário de Especialidades Farmacêuticas. São Paulo: JBM Farma, 2005.

FLECK, Marcelo P. et al . **Revisão das diretrizes da Associação Médica Brasileira para o tratamento da depressão (Versão integral)**. Rev. Bras. Psiquiatr., São Paulo , v. 31, supl. 1, p. S7-S17, May 2009 . Available from <http://www.scielo.br/scielo.php?script=sci_arttext&pid=S1516-44462009000500003&lng=en&nrm=iso>. access on 03 Apr. 2018. http://dx.doi.org/10.1590/S1516-44462009000500003.

GORENSTEIN, Clarice; SCAVONE, Cristóforo. **Avanços em psicofarmacologia - mecanismos de ação de psicofármacos hoje.** Revista Brasileira de Psiquiatria. Disponível em: < http://www.scielo.br/pdf/rbp/v21n1/v21n1a11.pdf >. Acesso em 03 Abr. 2018.

KAPCZINSKI, Flávio. **Tratamento Farmacológico do Transtorno Bipolar**. Porto Alegre: Revista de Psiquiatria Clínica. Disponível em: < http://www.hcnet.usp.br/ipq/revista/vol32/s1/34.html >. Acesso em 03 Abr. 2018.

KAPCZINSKI, Flávio; QUEVEDO, João et al. **Transtorno Bipolar: Teoria e Clínica**. Porto Alegre: Artmed, 2009.

KNAPP, P.; ISOLAN, L. **Abordagens psicoterápicas no Transtorno Bipolar**. Rev. Psiq. Clín. 32, supl 1; 98-104, 2005. Disponível em: http://www.scielo.br/pdf/rpc/v32s1/24418.pdf>. Acesso em 03 Abr. 2018.

LAMBERT, Kelly. KINSLEY, Craig H. **Neurociência Clínica: as bases neurobiológicas da saúde**. Trad.: Ronaldo Cataldo. Porto Alegre: Artmed, 2006.

LIMA, I.V.M.; Sougey, E.B.; Vallada Filho, H.P. **Genética dos transtornos afetivos**. São Paulo: Rev. Psiq. Clín., 2004.

LOUZÃ e ELKIS. **Psiquiatria Básica**. Artmed, 2007

MACHADO-VIEIRA, Rodrigo; SOARES, Jair C. **Transtornos de humor refratários a tratamento**. Rev. Bras. Psiquiatr., São Paulo , v. 29, supl. 2, p. S48-S54, Oct. 2007 . Available from <http://www.scielo.br/scielo.php?script=sci_arttext&pid=S1516-44462007000600003&lng=en&nrm=iso>. access on 03 Apr. 2018. Epub Aug 13, 2007. http://dx.doi.org/10.1590/S1516-44462006005000058.

MACHADO-VIEIRA, Rodrigo et al . **Neurobiologia do transtorno de humor bipolar e tomada de decisão na abordagem psicofarmacológica**. Rev. psiquiatr. Rio Gd. Sul, Porto Alegre , v. 25, supl. 1, p. 88-105, abr. 2003 . Disponível em <http://www.scielo.br/scielo.php?script=sci_arttext&pid=S0101-81082003000400010&lng=pt&nrm=iso>. acessos em 03 abr. 2018. http://dx.doi.org/10.1590/S0101-81082003000400010.

Manual Diagnóstico e Estatístico de Transtornos Mentais, 5° ed. (APA, 2018)

MEDPLAN. **O tratamento farmacológico do Transtorno Bipolar na infância e na adolescência.** Disponível em: < http://www.medplan.com.br/materias >. Acesso em 03 Abr. 2018.

MORENO, D.H.; MORENO, R.A. Rev. Psiq. Clín. 32, supl 1; 56-62, 2005. **Estados mistos e quadros de ciclagem rápida no Transtorno Bipolar**. Disponível em http://www.scielo.br/pdf/rpc/v32s1/24413.pdf>. Acesso em 03 Abr. 2018.

MORENO, Ricardo. **Novos anticonvulsivantes no tratamento do transtorno do humor bipolar: manejo clínico, eficácia e tolerância.** São Paulo: Revista de Psiquiatria clínica. Disponível em: < http://www.hcnet.usp.br/ipq/revista/vol26/n6/art288.html>. Acesso em 03 Abr. 2018.

MORENO, Ricardo Alberto; MORENO, Doris Hupfeld; RATZKE, Roberto. **Diagnóstico, tratamento e prevenção da mania e da hipomania no Transtorno Bipolar.** Rev. psiquiatr. clín., São Paulo , v. 32, supl. 1, p. 39-48, 2005 . Available from <http://www.scielo.br/scielo.php?script=sci_arttext&pid=S0101-60832005000700007&lng=en&nrm=iso>. access on 03 Apr. 2018. http://dx.doi.org/10.1590/S0101-60832005000700007.

MOTTA, Paulo. **Genética Humana: Aplicada a Psicologia e Toda a Área Biomédica.** Rio de Janeiro: Guanabara Koogan, 2005.

ANDREASEN, Nancy, C; BLACK, Donald W. **Introdução a psiquiatria.** Artmed: 2009

NETO, M. R. Louzã; ELKIS, Hélio. **Psiquiatria Básica.** Porto Alegre: Artmed, 2009.

OPAS (Organização Pan-Americana da Saúde). Disponível em: < http://www.opas.org.br/opas.cfm >. Acesso em 03 Abr. 2018.

RIBEIRO, Marcelo; LARANJEIRA, Ronaldo; CIVIDANES, Giuliana. **Transtorno Bipolar do humor e uso indevido de substâncias psicoativas.** Rev. psiquiatr. clín. São Paulo , v. 32, supl. 1, p. 78-88, 2005 . Available from <http://www.scielo.br/scielo.php?script=sci_arttext&pid=S0101-60832005000700012&lng=en&nrm=iso>. access on 31 Mar. 2018. http://dx.doi.org/10.1590/S0101-60832005000700012.

SANCHES, Rafael F.; ASSUNCAO, Sheila; HETEM, Luiz Alberto B. **Impacto da comorbidade no diagnóstico e tratamento do Transtorno Bipolar.** Rev. psiquiatr. clín. São Paulo , v. 32, supl. 1, p. 71-77, 2005 . Available from <http://www.scielo.br/scielo.php?script=sci_arttext&pid=S0101-60832005000700011&lng=en&nrm=iso>. access on 31 Mar. 2018. http://dx.doi.org/10.1590/S0101-60832005000700011.

SOUZA, F.G.M. **Tratamento do Transtorno Bipolar – Eutimia.** Rev. Psiq. Clín. 32, supl 1; 63-70, 2005. Disponível em:< http://www.scielo.br/pdf/rpc/v32s1/24414.pdf>. Acesso em 03 Abr. 2018.

TENG, Chei Tung; CEZAR, Luiz Teixeira Sperry. **Como Diagnosticar e Tratar Depressão** 2010. Disponível em:<http://www.moreirajr.com.br/revistas.asp?fase=r003&id_materia=4526 >. Acesso em 03 Abr. 2018.

TUNG, T.C. **Enigma Bipolar- Conseqüências, Diagnóstico E Tratamento Do Transtorno Bipolar.** São Paulo: MG Editores, 2007.

VIEIRA, Rodrigo. **As bases neurobiológicas do Transtorno Bipolar.** Porto Alegre: Revista de Psiquiatria Clínica. Disponível em: <http://www.hcnet.usp.br/ipq/revista/vol32/s1/28.html>. Acesso em 03 Abr. 2018.

ZUNG S, MICHELON L, CORDEIRO Q. **O uso do lítio no Transtorno Afetivo Bipolar.** Arq Med Hosp Fac Cienc Med Santa Casa São Paulo. 2010; 55(1):30-7. Disponível em:<http://www.fcmsantacasasp.edu.br/images/Arquivos_medicos/2010/55_1/08_A R3.pdf. >. Acesso em 03 Abr. 2018.

www.ingramcontent.com/pod-product-compliance
Lightning Source LLC
Chambersburg PA
CBHW061357250726
48657CB00004B/1543